우리는 이야기로 이루어져 있다

Original title: Wie wir die Welt sehen:
Was negative Nachrichten mit unserem Denken machen und wie wir uns davon befreien
by Ronja von Wurmb-Seibel
© 2022 by Kösel-Verlag, a division of Penguin Random House Verlagsgruppe GmbH,
München, Germany.
All rights reserved.

No part of this book may be used or reproduced in any manner
whatever without written permission except in the case of brief quotations
embodied in critical articles or reviews.

Korean Translation Copyright © 2025 by Giverny Publishing Group
Korean edition is published by arrangement with Penguin Random House Verlagsgruppe GmbH
through BC Agency, Seoul

이 책의 한국어판 저작권은 BC에이전시를 통해 저작권사와 독점 계약을 맺은 '지베르니'에 있습니다.
저작권법에 의해 국내에서 보호를 받는 저작물이므로 무단 전재와 복제를 금합니다.

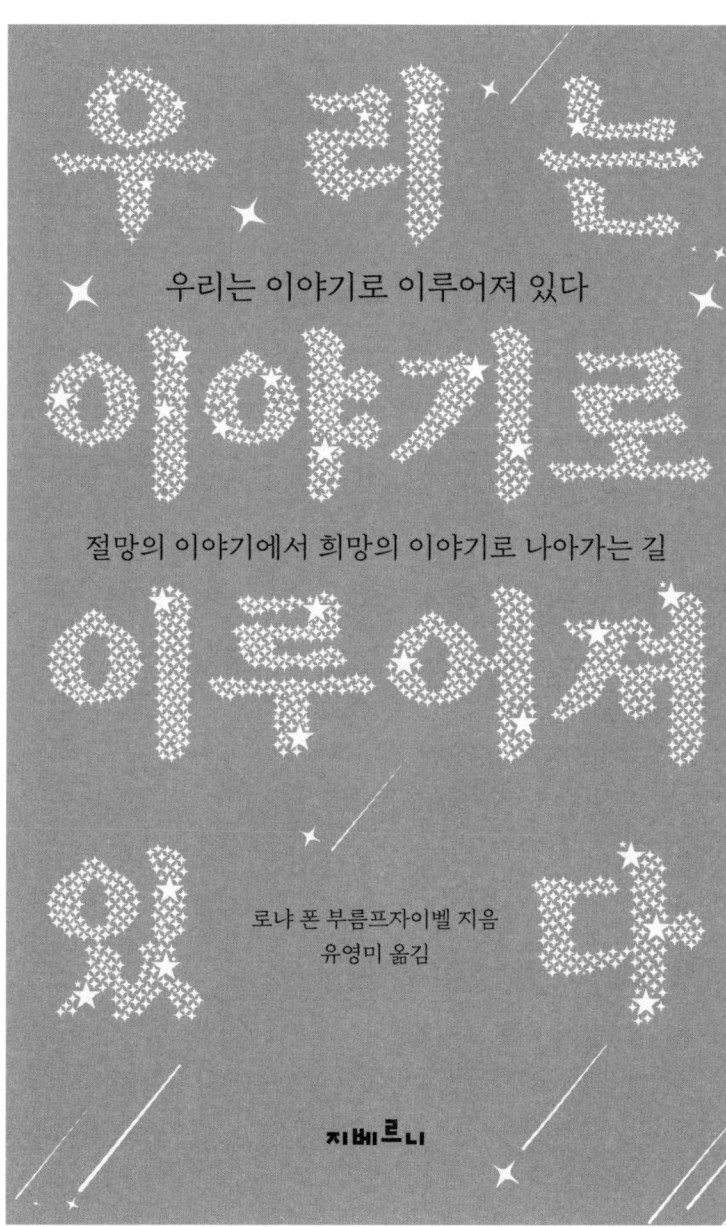

우리는 이야기로 이루어져 있다

절망의 이야기에서 희망의 이야기로 나아가는 길

로냐 폰 부름프자이벨 지음
유영미 옮김

차례

01 우리는 이야기로 이루어져 있다

이야기가 우리의 정체성을 만든다	··11
불행을 이야기하는 사람들	··16
절망의 이야기는 자기파괴적이다	··26
이제는 '다르게' 이야기해야 할 때	··33
'다른' 이야기를 위한 실험 1	··41

02 정치적이고 편파적인 이야기들

뉴스는 '선택된' 소식들만 보여준다	··45
단편적이고 획일적인 '이야깃거리들'	··49
뇌는 때로 뉴스와 현실을 구분하지 못한다	··53
개개인을 익명의 집단으로 기술하는 뉴스들	··57

전통적인 이야기 방식에서 벗어나는 법	··62
영웅 서사에 기대는 사람들	··66
피가 흐르면 톱기사가 된다	··72
한쪽으로 치우친 기사를 쓰는 이유	··78
우리는 느리고 점진적인 진보에 주목하지 않는다	··82
뉴스는 오류 보고서인가	··85
'다른' 이야기를 위한 실험 2	··89

03 우리는 얼마나 나쁜 이야기에 굶주려 있는가

무력감을 가르치는 이야기 전달 방식	··93
감정의 결여는 모든 감정 중 가장 위험한 감정	··97
우리는 얼마나 나쁜 이야기에 굶주려 있는가	··102
긍정적이든, 부정적이든, 감정은 전염된다	··106
세계에 대한 새로운 지도를 그려야 할 때	··112
심리적 보호복이 되어주는 낙관론	··117
'다른' 이야기를 위한 실험 3	··121

04 방향을 제시하는 이야기가 필요한 순간

건설적 저널리즘을 위한 제안	··125
문제 '이상'의 것을 보는 훈련이 필요한 때	··131
모든 문제를 한꺼번에 해결할 수는 없다	··134
이상적 상태란 최종 목표가 아니라 나아가야 할 방향이다	··137
'다른' 이야기를 위한 실험 4	··143

05 다른 이야기를 쓰기 위한 첫걸음

적절한 질문을 던지는 데서부터 시작하라 ·· 147
앞서간 이들의 이야기에 귀 기울이자 ·· 150
과거의 성과로부터 배우는 법 ·· 159
이미 변화의 첫걸음을 뗀 이야기에 주목하라 ·· 165
이상적인 미래를 그려보는 일의 중요성 ·· 171
현실을 변화시키려면, 관점을 먼저 바꿔야 한다 ·· 174
변화는 결국 자신에게서 시작된다 ·· 178
'다른' 이야기를 위한 실험 5 ·· 182

06 나쁜 소식은 이야기의 끝이 아니라 시작에 불과하다

'대안이 없다'는 생각을 깨뜨리는 법 ·· 185
옳고 그름을 너무 쉽게 판단해서는 안 되는 이유 ·· 192
더 나은 질문이 더 나은 대답을 이끌어낸다 ·· 197
우리에게는 서로 이야기를 나눌 시간이 필요하다 ·· 203
변화와 진보는 아래로부터 시작된다 ·· 207
나쁜 소식은 이야기의 끝이 아니라 시작에 불과하다 ·· 210
'다른' 이야기를 위한 실험 6 ·· 214

07 세상을 보는 방식이 바뀌면, 세상도 바뀐다

찾고자 해야 찾을 수 있다 ·· 217
세상을 보는 방식이 바뀌면, 세상도 바뀐다 ·· 222
일상에서 이야기를 변화시키는 법 ·· 226

이야기의 흐름을 바꾸는 건 결국 '질문'이다 ·· 230
'다른' 이야기를 위한 실험 7 ·· 235

08 우리는 거의 모든 것에 대해 잘못 알고 있다

뇌는 너무 많은 위험을 인식한다 ·· 239
우리는 거의 모든 것에 대해 잘못 알고 있다 ·· 241
세상은 분명 점점 더 나아지고 있다 ·· 251
우리에게 이정표가 필요한 이유 ·· 255
우리의 인식이 현실을 만든다 ·· 261
'다른' 이야기를 위한 실험 8 ·· 269

09 우리는 혼자가 아니다

무엇보다 중요한 건 첫걸음을 내디디는 것 ·· 273
때로는 인내심을 가지고 기다려야 한다 ·· 279
우리는 혼자가 아니다 ·· 282
어떤 미래에 살고 싶은지 묻는다면 ·· 290

에필로그 - 두려움이 우리를 용기 있게 만든다 ·· 295
감사의 말 ·· 305
역자후기 - 당신이 읽는 것이 바로 당신이다 ·· 308
참고문헌 ·· 312

이 세상에서 일어난
모든 위대한 일은
가장 먼저
누군가의 상상 속에서
일어났다.

_ 아스트리드 린드그렌

01
우리는 이야기로 이루어져 있다

이야기는
우리를 한데 묶어주고,
말 못 한 이야기는
우리를 멀어지게 만든다.
우리는
이야기로 이루어져 있다.

_ 엘리프 샤팍

이야기가 우리의 정체성을 만든다

어쩌다 뉴스 읽기를 그만두었는지, 어쩌다 그리되었는지 잘 기억나지 않는다. 갑작스러운 결정이었지만, 분명 의식적인 결정이었고, 그 순간부터 나를 둘러싼 세상을 더 좋아하게 되었다는 것만은 똑똑히 기억난다.

나는 저널리스트이고, 이야기를 사랑하며, 신문을 좋아한다. 기사들이 나를 어디로 데려갈지 알지 못한 채, 이 기사에서 저 기사로 옮겨다니는 일이 즐겁다. 이야기에 흠뻑 빠져드는 것 또한 좋아한다. 이야기 속을 돌아다니며 마음껏 다른 세계를 구경하고, 다른 시각으로 세계를 발견하는 게 좋다. 어느 순간 다시 땅에 발을 딛고 현실로 돌아오고 싶어질 때까지 실컷 이야기 속에 몰입하는 시간이 얼마나 즐거운지 모른다. 이야기 속으로 들어갔다가 돌아올 때면, 나는 매번 무어라 설명하기 어려운 마법 같은 변화를 느낀다. 세상과 세상 속에 있는 나를 새로운 눈으로 바라보게 되는 것이다.

그럼에도 나는 몇 년 전부터 신문을 읽지 않는다. 뉴스도, 토크쇼도, 시사 프로그램도 보지 않는다. 스마트폰에도 뉴스 앱이 깔려 있지 않으며, 운전 중 라디오를 듣다가 뉴스가 시작되면 다른 채널로 돌려버리거나 아예 꺼버린다. 물론 때로는 내 일로 인해 어쩔 수 없이 세계에서 일어나는 일들에 관한 뉴스를 읽어야 하지만, 그렇듯 불가피한 경우를 제외하고는 가급적 뉴스를 접하지 않으려 한다.

이 책에서 내 이야기를 하려는 것은 아니다. 그보다는 뉴스가 우리에게 끼치는 영향과 관련해 최근 몇 년 동안 알게 된 내용을 다루고자 한다. 우리, 우리의 생각, 우리의 지각, 우리의 삶에 어떤 영향을 끼치는지를 말이다.

우리가 읽고, 보고, 듣는 이야기들, 그리고 우리가 다른 사람들에게 전하는 이야기들은 우리가 주변 세계를 지각하는 방식에 영향을 끼친다. 우리가 접하는 이야기들, 우리가 전달하는 이야기들은 생각보다 더 많이 우리 삶을 좌우한다. 이야기의 내용, 이야기가 전달되는 방식은 우리가 선거에서 누구에게 투표할지, 돈을 어디에 쓸지, 휴가를 어디로 갈지 말지를 결정하는 데 영향을 미친다. 그뿐만이 아니다. 길거리나 지하철에서, 혹은 물건을 사다가 마주치는 사람들을 어떻게 대할지에도 영향을 미치며, 누구를 신뢰할지 말지, 누구를 경계하고 두려워해야 할지에도 영향을 미친다. 또한 어떤 것을 기억하고, 어떤 것을 흘려 넘길지에 영향을 미치고, 아이들에게 무엇을 묻고, 무엇을 허용하고, 무엇을 금지할지에 영향을 미치며, 자녀를 낳을지 말지, 자녀를 낳았다면 어떻게 양육할지에도 영향을 미친다.

우리 인간에게는 이야기가 필요하다. 경험을 기억으로 저장하기 위해서도 이야기가 필요하다. 타인의 눈으로 세상과 삶을 바라보는 공감 능력을 키우기 위해서도 이야기가 필요하다. 이야기는 의미를 만들어내고, 공동체를 형성한다. 또한 가족, 친구, 커뮤니티, 나아가 사회 전체를 하나로 모아주는 접착제 역할을 한다. 이야기는 살아가는 데 버팀목이 되어주며, 다양한 상황들을 시뮬레이션함으로써 우리가 어떤 상황에서 어떻게 행동해야 할지 훈련할 수 있게 도와준다. 이야기는 인격을 형성할 뿐 아니라, 세상과 자신을 바라보는 관점도 발달시킨다. 우리는 이야기를 통해 지금까지 믿어왔던 모든 것에 대해 의문을 품을 수도 있다. 이야기가 곧 우리의 정체성을 만들어낸다.

표면적이고 사소한 일에서부터 삶을 송두리째 뒤바꿀 수 있는 중대한 일에 이르기까지, 우리가 내리는 거의 모든 결정은 우리가 평소 어떤 뉴스를 접하고 사는지, 어떤 이야기를 소비하고 사는지와 밀접한 관계가 있다. 우리는 어떤 종류의 뉴스, 어떤 종류의 이야기를 보고, 듣고, 읽기를 원하는가. 이에 대해 생각해봐야 할 때다.

홍수, 산불, 지진, 교통사고, 테러, 전쟁, 팬데믹 등 미디어에는 나쁜 소식들이 넘친다. 우리를 둘러싼 세상 어디에서나 그런 소식들을 접할 수 있다. 아침 출근길에 자동차나 전철에서 그런 소식을 접하고, 점심시간이 되면 동료나 가족과 이를 화두 삼아 대화를 나눈다. 하루 종일 가판대에 놓인 신문의 헤드라인이 눈에 들어오고, 스마트폰에서는 소셜 미디어를 통해 온갖 소식들이 날아든다. 어떤 직업을 갖고 어떤 일상을 보내든, 어떤 삶을 살아가든 상관없이, 우리 곁에는 늘 뉴스가 함께한다. 대부분 부정적인 뉴스들이다.

재난, 폭력, 파괴로 점철된 소식을 계속해서 접할 때, 우리에게는 어떤 일이 벌어질까. 사실 그런 소식들은 우리가 누구를 좋아하고, 누구를 미워할 것인지에 영향을 미치며, 소셜 미디어에 어떤 댓글을 남길지, 이를테면 정중한 댓글을 남길지, 공격적인 댓글을 남길지에도 영향을 미친다. 또한 아침에 어떤 기분으로 깨어나고, 저녁에 어떤 생각을 하며 잠자리에 들 것인지에도 영향을 미치고, 심지어 암울해 보이는 미래를 걱정할지— 우리의 행동이 미래에 영향을 미칠 수 있음을 인식하고—미래에 대한 기대를 품어볼 것인지에도 영향을 미친다. 조사에 따르면, 독일인 중 약 25퍼센트만이 향후 15년간 그들 가족의 전반적 삶의 조건이 나아질 거라고 믿었으며, 세계가 더 나은 방향으로 바뀌고 있다고 느끼는 사람은 10퍼센트도 되지 않았다.

뉴스는 우리가 어떤 보험에 들고, 보험금으로 어느 정도 금액을 지불할지 결정하는 데도 영향을 미친다. 뉴스는 심지어 우리가 심근경색에 걸릴 위험이 얼마나 큰지에도 영향을 미친다. 말도 안 되는 소리라고? 나도 예전에는 그렇게 생각했다. 주변에서 들리는 이야기가 세상을 바라보는 나의 관점과 일상에 얼마나 큰 영향을 미치는지, 내 삶을 통해 절실히 깨닫기 전까지는 말이다.

불행을 이야기하는 사람들

　몇 년 전 여름, 할머니가 세상을 떠났다. 우리 가족과 친척들은 나흘 동안 할머니 곁을 지켰다. 할머니가 눈을 감기 전까지 며칠 동안, 나는 삶에 대해 생각했다. 할머니의 삶에 대해 생각했고, 할머니의 삶이 내 삶과 어떤 관계가 있었는지, 있었다면 어떤 영향을 미쳤는지 생각했다.
　91세에 돌아가신 할머니는 평생을 할테른 암 제라는 소도시에서 살았다. 할테른은 참 평화로운 도시다. 오늘날 3만 7000명 조금 넘는 사람들이 사는 할테른에는 교회와 양로원, 병원, 경찰서, 슈퍼마켓이 있다. 구시가지에는 분수대, 아이스크림 가게, 피자집이 있고, 인공호수와 로마 박물관이 있으며, 클라이밍 숲과 농장, 술집과 디스코장이 있다. 예전엔 내가 자란 뮌헨 서쪽 교외에서 할테른까지 가려면 8시간이나 걸렸으므로, 어릴 때는 방학이 되어야 할머니를 만나러 갈 수 있었다. 할머니를 한번 만난 뒤 다음번 만날 때까지 몇 달이 훌쩍 흐르곤 했다. 할머니는 다시 만날 때마다 그동안 무슨 일들이 있었는지 이야기해주었다. 친척들과 친구들, 지인들에게 무슨 일이 있었는지, 할테른에 무슨 일이 있었는지 말해주었는데, 매번 상당히 안 좋은 소식들이었다. 누가 강도를 당했다거나, 누가 암에 걸렸다거나, 누가 유산을 했다거나, 누가 실직을 했다거나, 누가 게임에 중독되었다거나, 누가 안타깝게도 너무 일찍 세상을 떠났다거나…. 20년 넘은 일인데도, 그때 내가 이런 생각을 하던 게 기억난다. '할테른 사람들 불쌍하네. 계속해서 뭔가 불행한 일들이 벌어지는구나. 할테른은 우리 동네보다 훨씬 위험하구나. 할테른 사람들은 어쩜 그렇게 나쁜 일들을 많이 겪을까.'

물론 세월이 흐른 뒤, 나는 그것이 사실과 다르다는 걸 알게 되었다. 할테른에는 할머니가 들려주던 심란한 이야기들 말고 다른 소식들도 있었다. 다만 할머니는 그런 소식들이 그다지 흥미롭지도, 특별하지도 않기에, 굳이 우리에게 들려줄 가치가 없다고 생각했을 뿐이다.

그 사실을 알아차렸을 때는 내가 이미 저널리스트로 일하기 시작한 지 오래된 시점이었다. 당시 나의 직업적 시각은 할머니의 것에 가까워져 있었다. 내 일은 새로운 뉴스를 발굴하는 것이었다. 그리고 나는 내 일을 통해 세상을 좀 더 나은 곳으로 바꿀 수 있기를 바랐다. 그 결과 내가 찾아낸 뉴스들 중에는 불공정하거나 불의한 일들, 본래 그래서는 안 되는 일들이 많았다.

2012년 금융위기 당시 그리스 의료 시스템의 참담한 상황을 취재했을 때는 판매할 약이 거의 남아 있지 않은 아테네 약국을 방문했고, 치료받지 못할까 봐 불안한 마음을 안고 개인 병원에서 대기 중인 사람들과 이야기를 나누었으며, 종합 병원에서 복도에 비치된 침대에 환자들이 줄지어 누워 있는 상황을 목격했다.

트라우마에 시달리는 군인들에 대한 치료가 제대로 이루어지지 않고 있다는 기사를 쓰면서는 피투성이가 된 몸, 잘려 나간 다리, 폭탄을 맞아 구겨지고 부서진 버스 등 그들의 마음속에 각인된 이미지들을 취재했고, 군인들의 트라우마는 단지 아프가니스탄 파병 때문만이 아니라, 불우했던 어린 시절에도 기인한다는 정부 쪽 입장을 살펴보기도 했다.

함부르크에서 아동 빈곤 실태를 취재할 때는 아침과 점심을 거르는 학생들을 만났으며, 사회복지사를 만나 '실업자'가 되거나 '슈퍼스타'가 되는 것 말고는 미래에 대해 아무런 비전도 갖고 있지 않은 청소년들이 많다는 이야기를 나누었다. 문제를 찾아다니고 발견하는 것, 이는 내 일의 일부가 아니라 전부라 할 수 있었다. 적어도 그 무렵에는 그렇게 생각했다.

2013년 가을, 카불로 옮겨 가면서 모든 게 바뀌었다. 당시 스물일곱 살이었던 나는 재정적으로 여유가 없었고, 어찌해야 카불에서 안전을 보장받을 수 있을지 전혀 알지 못했다.

하지만 정말로 아프가니스탄에 가고 싶은 거라면, 어떻게든 해낼 수 있으리라 생각했다.

출발하기 전, 나는 마음속으로 몇 가지 최악의 시나리오를 떠올려봤다. 그런 다음, 안전하지 않다는 생각이 들거나 너무 힘겨우면 곧장 돌아오기로, 불필요한 영웅심을 가지지 않기로 스스로와 약속했다. 총상을 입거나 부상을 당할 경우 어떻게 응급조치를 해야 하는지 숙지해 두었고, 두세 시간에 한 번씩은 오빠에게 메시지를 남김으로써 혹여 납치라도 되면 가족들이 빨리 알아챌 수 있게 했다. 또한 나와 소식이 닿지 않을 경우, 필요한 조치를 취해 줄 사람들의 연락처를 오빠에게 알려두었다. 최대 50만 유로의 몸값을 지불할 수 있게끔 보험도 들었으며, 사망할 경우를 대비해 모든 것을 조율해 두었다. 유언장을 작성하고 장례식도 계획했다. 심지어 앞면에 '나의 마지막 파티'라고 적힌 장례식 초대장까지 만들어 두었다. 나는 모든 상황에 대비해 두었다고 생각했다. 적어도 나는 그렇게 믿었다.

카불에서 처음 취재한 이야기는 마약에 중독된 아이들에 관한 것이었다. 카불의 빈민가 중 한 곳으로 가서, 아버지가 마약에 중독된 뒤, 어머니와 네 자녀가 차례로 모두 마약에 중독된 가정을 방문했다. NGO 사무실에서 만난 또 다른 여성은 여덟 자녀를 두었는데, 막 돌 지난 아기인 막내까지 가족 모두가 마약에 중독되어 있었다. 이 여성의 맏딸이 자기 가족 이야기를 들려주었을 때, 마음이 산산조각 나는 느낌이었다.

"제 이름은 파이마이고 열네 살이에요. 저는 하루에 네댓 번 마약을 해요. 마리화나, 아편, 헤로인이요. 제 동생들도 그래요. 부모님들도 중독자들인데, 엄마는 구걸하러 다니고, 아빠는 하루 종일 집에서 담배만 피워요. 방금 아빠가 자는 걸 보고, 몰래 문 닫고 빠져나왔어요. 우리가 여기 온 걸 알면 가만 안 둘 걸요."

"지금 마약에 취한 상태니?"

"네, NGO에서 온 여자분이 같이 갈 수 있느냐고 물었을 때, 막 헤로인을 하고 있었어요."

"마약에 대해 어떻게 생각해?"

"좋다고 생각해요."

"왜?"

"마음이 평온해지니까요. 통증도 못 느끼고."

"언제부터 마약을 했는지 기억나?"

"네, 저는 배가 고팠고 집엔 먹을 게 전혀 없었어요. 그때 아빠가 아편을 주면서 말했어요. '자, 이걸 먹으면 한결 나아질 거야.' 저와 동생들은 시내에서 비닐봉지를 팔아요. 아빠를 위해서죠. 비닐봉지 판 돈으로 마약을 사서 집으로 가져오거든요. 저, 약혼했어요. 아빠가 우리집엔 돈이 없으니 결혼하래요."

"결혼에 대해 어떻게 생각해?"

"결혼하고 나서 마약을 끊을 수 있으면 좋겠어요. 더 이상 집에서 살지도 않을 거고, 형편이 조금 나아지면 마약을 끊는 게 좀 쉬워질 거예요. 하지만 동생들이 보고 싶을 거예요."

"동생들에게 책임감을 느끼니?"

"물론, 제가 맏이니까요. 동생들을 돌보는데, 이제 곧 여동생 실라가 그 일을 맡아야겠죠. 실라는 열두 살이에요. 전 이미 중요한 걸 모두 실라에게 가르쳐 주고 있어요."

"뭘?"

"마약 준비하는 거요. 평소엔 늘 제가 하니까요."

"아빠를 어떻게 생각해?"

"화가 나요. 마약 때문에요. 우리를 학교에 보내지도 않아요. 이제 가야 해요. 아빠가 깨기 전에 집에 가려고요."

이 이야기를 하는 동안 파이마의 엄마가 딸 옆에 앉아 있었다. 엄마는 자녀들의 그런 모습을 보는 게 너무나 마음이 아프다고 말했다. "내가 우리 애들 나이였을 때가 생각나요.

마약을 어떻게 시작했는지…."

파이마가 자신의 앞날에 대해 말하는 걸 들었을 때, 나는 이전까지 한 번도 경험해 보지 못한 무력감을 느꼈다. 대화를 나눈 날 저녁, 나는 생각을 멈출 수 없었다. 이 가족의 미래를 어떤 식으로 그려 보아도 출구가 보이지 않았고, 머리가 지끈거리며 소화도 안 되는 걸 느꼈다. 나는 취재를 계속하려면, 이 이야기에서 무언가 긍정적인 요소를 찾아내야 한다는 걸 알아차렸다. 그러나 그 무엇도 개선될 가능성이 없어 보였다. 그들을 도우려 한다 해도 가용 자금이 너무 부족했고, 게다가 마약 중독자들은 사회에서 완전히 낙인찍힌 상태였다. 유엔 직원은 마약 중독자의 시신을 공동묘지에 매장하는 것조차 허용하지 않는 지역이 많다고 전해주었다. 사실 마약은 많은 문제 중 하나에 불과했고, 어찌 보면 표면으로 드러나는 증상일 따름이었다. 가난, 폭력, 기아, 전쟁 등 쉽게 바꿀 수 없는 모든 것들로 인한 증상 말이다.

나는 이런 상황에서도 무언가 좋은 것을 찾을 수 있지 않을까 생각하다가, 아주 작은 것, 어쩌면 실낱같은 희망이라고 말할 수조차 없는 아주 작은 것을 발견했다. 그것은 바로 가족을 하나로 묶어주는 사랑이었다. 한 어머니에게 어떻게 마약을 하기 시작했는지 묻자, 그녀는 자신이 몹시 아팠을 때,

남편이 처음으로 아편을 줬다고 했다. 그리고 딸의 고통을 덜어주기 위해 자신도 딸에게 마약을 주기 시작했다고 했다. 결국 나는 이렇게 썼다.

이 이야기에 용기를 주는 요소는 거의 없다. 두 딸이 부모의 선례를 따르지 않으려 하는 것 정도가 고무적일까. 치료를 받지 못하게 하는 아버지에게 화가 난 파이마는 학교에 가고 싶어 하고, 동생들을 돌보고 싶어 한다. 소르망은 여덟 살 때부터 자신의 삶을 지배해온 마약을 거부하고자 한다. 이 아이는 아편을 하고 싶지 않다고 되풀이해 말했다. 앞으로 뭐가 되고 싶으냐고 묻자, 소르망은 이렇게 답했다. "마약 중독자로 끝나고 싶지 않아요. 학교를 졸업해 의사가 되고 싶어요. 그래서 우리 동네 사람들을 도와주고 싶어요." "부모님하고도 마약에 대해 이야기해?" "엄마한테 마약을 끊어야 한다고 말했어요. 엄마는 아빠에게도 말해보겠다고 약속했지만, 아무 소용이 없었어요. 그래서 아빠에게 마약을 끊어야 한다고 이야기하니, 아빠는 마약을 하지 않으면 일할 수가 없대요. 마약을 해야만 돈을 벌 힘이 난대요. 학교에서 친구들을 보며 생각해요. 우리 가족은 왜 저 아이들 집처럼 될 수 없을까. 왜 우리는 모두 마약에 중독된 걸까."

소르망의 물음에 대한 답은 너무 잔인해서 입 밖으로 소리 내어 말하기 힘들다. 특히 아이들에게 말해주기는 어렵다. 네 부모가 참을 수 없는 고통을 겪고 있기 때문이라고, 그들은 네가 고통받는 것도 견딜 수 없기 때문이라고, 네가 고통받는 걸 견딜 수 없는 까닭은 그들이 너를 사랑하기 때문이라고 말할 수는 없지 않은가. 2009년 유엔 보고서에 따르면, 아프가니스탄의 마약 중독자들 중 상당수는 생활고를 견디기 위한 자가 처방으로 마약을 한다고 한다. 아편이 한 민족의 고통에 대한 답이 되고 있는 것이다. 그들은 마약으로 고통을 해결하고자 한다. 일자리도, 먹거리도, 의사도 없는 상황에서 고된 노동이 한없이 이어지는 데다가 온갖 두려움과 질병에 시달리고 있기 때문이다.

나디아는 남편이 자신에게 아편을 주었다고 비난하지만, 그녀도 자기 자녀들에게 똑같이 한다. 열네 살 파이마는 부모가 자신을 마약 중독자로 만들었다며 불만을 토로하지만, 자신이 결혼해서 집을 떠나면 누가 동생들에게 마약을 준비해 줄지 걱정한다.

모두가 다른 이들의 고통을 줄여주고 싶어 하지만, 고통은 더 늘어날 뿐이다.

이 텍스트를 전송한 뒤 나는 몹시 지쳐 있었다. 완전히 소진되고 텅 빈 느낌이 들었다. 처음에는 그것이 수면이 부족하고 업무량이 많은 데다 문화충격까지 받았기 때문이라고 생각했다. 카불에 도착한 지 2주밖에 안 된 시점이었기 때문이다. 그러나 그렇게 결론 내리기에는 뭔가 다른 느낌이 들었다. 굉장히 허한 느낌이 들었고, 모든 활력이 다 사라진 듯한 상태가 되었다.

카불에서 1년 반을 지내는 동안 거듭해서 비슷한 경험을 했다. 주변에서 안 좋은 일들이 너무 많이 벌어지고, 도무지 벗어날 길 없어 보이는 절망적인 이야기들이 넘칠 때, 나는 발 딛고 서 있던 땅이 꺼져버리는 듯한 느낌에 사로잡혔다.

시간이 흐르면서, 나는 그런 순간이 오면 급제동하는 습관이 생겼다. 모든 일정을 취소하고, 며칠 동안 집 밖으로 나가지 않은 채 보드게임을 하고, 자연 다큐멘터리를 보았다. 어느 순간 기분이 좀 나아져서, 세상에는 좋은 것, 선한 것이 있다는 믿음을 다시금 회복할 때까지 그렇게 했다.

몇 달 뒤, 나는 용기를 불러일으키는 이야기들을 의도적으로 찾아 나섰다. 무슨 커다란 뜻이 있어서가 아니었다. 그렇게 하지 않으면 내가 완전히 미쳐버릴 것 같다는 두려움 때문이었다. 내게는 이야기가 필요했고, 특히 용기와 확신을 주는 이야기가 필요했다.

내가 찾아낸 것은 문제가 없는 이야기들이 아니었다. 문제를 언급하는 것으로 그치지 않고 그 이상을 이야기하고 싶었다. '문제+X.' 문제에 X를 보태는 것이 중요했다. 최상의 경우에는 X가 곧 문제해결이었다. 문제해결까지는 아니라 하더라도, 상황을 바꾸기 위해 최선을 다하고, 그럼으로써 주변 사람들에게 용기를 주는 사람이 있다면 그 역시 X가 될 수 있었다. 또한 문제해결은 요원하다 하더라도, 문제를 해결할 수 있는 아이디어만이라도 있다면 그 아이디어가 X가 될 수 있었으며, 절망적인 상황에서도 포기하지 않는 사람이 있다면 그가 X가 될 수 있었다. 나는 아무리 열악한 상황에서도 출구가 있음을 보여주고자 했다. 모든 이야기를 용기를 주는 방식으로 전달할 수 있음을 보여주고자 했다. 지금도 나는 어떤 상황에서든 한 줄기 희망의 빛은 있는 법이라고 진심으로 믿는다. 그 한 줄기 희망을 찾으려면, 때로 아주 오랜 시간 동안, 아주 세밀한 노력을 기울여야 하지만 말이다.

절망의 이야기는 자기파괴적이다

아프가니스탄에서 1년 반 정도 지내다 독일로 돌아온 뒤, 나는 파트너와 함께 다큐멘터리 영화를 기획하기 시작했다.

우리는 카불에서 벌어졌던 자살폭탄테러에서 살아남은 사람들과 이야기를 나누고자 했다. 우리는 이 다큐멘터리가 전쟁이 어떤 결과를 낳았는지, 전쟁을 겪은 이들이 수십 년간 어떤 트라우마를 안고 살아왔는지 보여주는 영화가 될 거라고 생각했다. 하지만 그렇게 탄생한 〈트루 워리어스True Warriors〉는 살아남은 자에 대한 이야기만이 아닌, 삶 자체에 대한 이야기, 결코 포기하지 않고 삶을 계속해 나가는 일에 대한 이야기가 되었다. 우리 영화의 주인공들은 테러가 불러일으킨 끔찍한 공포에 대해 이야기했을 뿐 아니라, 그들이 어떻게 다시 일상으로 돌아갔는지에 대해서도 이야기했다. 또한 그런 일을 겪고 난 후, 결국 어떻게 더 강한 사람이 될 수 있었는지에 대해서도 말해주었다.

이 다큐멘터리 영화를 만들기 위해, 나는 구체적인 이야기를 찾아내는 데 그치지 않고, 테러와 테러가 유발하는 공포에 대해 알아보았다. 그리고 그 과정에서 새뮤얼 저스틴 싱클레어Samuel Justin Sinclair와 대니얼 안토니우스Daniel Antonius가 쓴 《테러 공포의 심리학The Psychology of Terrorism Fears》을 만났다. 이 책의 저자들은 테러에 대한 공포가 우리 사회에 어떤 영향을 미치는지 연구했다. 책에 따르면, 테러가 일어난 지 몇 년이 지나고 나서도, 사람들은 공포로 인해 삶에 지장을 받는다.

공포심은 그들이 어디에서 살고 어디에서 일할지, 선거 때 누구를 뽑을지, 정치적 토론이 벌어질 때 어떤 입장을 취할지, 주변에 어떤 사람을 둘지, 미래를 어떻게 준비할지에도 영향을 미친다. 두 저자는 9·11 테러 이후 또다시 위험한 일이 벌어질 수 있다는 뉴스들이 계속 이어졌는데, 그 뉴스들은 "마치 누군가 '넌 언제까지 살아 있을지 몰라, 넌 죽은 목숨이야'라고 소리를 지르는 것과 똑같은 효과를 내었다"고 쓴다. 이렇게 연속적으로 경고 사격을 당하다 보면, 시간이 흐르면서 감정이 무뎌지고 냉담해질 수 있다는 점도 지적한다.

가장 놀라웠던 점은 이 연구자들이 테러를 직접 경험한 사람들뿐 아니라, 테러에 대한 언론 보도를 지속적으로 보거나 들은 사람들도 그와 유사한 상태에 이를 수 있음을 규명한 것이다. 다시 말해, 뉴스 소비가 우리로 하여금 실제로 테러를 겪은 사람들과 비슷하게 느끼고 행동하게 만들 수 있다는 것이다.

트라우마 연구자 필립 짐바르도Philip Zimbardo 박사는 이런 맥락에서 새로운 용어를 창안했는데, 바로 '외상 전 스트레스Pre traumatic stress'다. 외상 후 스트레스Post traumatic stress와 달리, 외상 전 스트레스는 트라우마를 일으키는 사건이 발생한 다음이 아니라, 발생하기 전에 생겨난다. 사건이 진짜로 발생할지와 무관하게 생겨나는 것이다. 테러뿐 아니라, 경제 위기, 자연재해, 비행기 추락사고, 암, 팬데믹 등 우리를 두렵게 하는 모든 것에 해당하는 이야기다. 우려스러운 일들에 대한 경고를 자꾸만 듣다 보면, 그런 일을 당할 수 있다는 공포심이 점점 커진다. 각종 경고와 정보, 안전 지침 등은 본래 우리를 보호할 목적으로 전파되는데, 그런 정보들을 너무 자주 접하다 보면, 그것들이 우리를 보호하는 것이 아니라 오히려 망가뜨리게 된다.

나는 이런 연구 결과를 접하며 가슴이 서늘해졌지만, 다른 한편으로는 약간 안도감이 들기도 했다. 그도 그럴 것이, 나는 그때까지만 해도 뉴스를 접할 때 내게 나타나는 반응들이 순전히 개인적인 문제라고 생각했기 때문이다. 스스로 받아들이고 적응해야 하는 개인적 결함이라고 여긴 것이다. 사실 당시 나는 이미 2년 넘게 뉴스를 잘 보지 않은 터라 상태가 호전되어 있었고, 기사를 쓸 때도 더 이상 부정적인 것에만 집중하지 않게 되었으며, 덕분에 주변 사람들에게 더 많은 용기와 자신감을 불러일으키고 있었다. 내가 쓰는 이야기 자체가 더 힘 있고 설득력 있어졌음을 경험하고 있었는데, 이 모든 긍정적 경험에도 불구하고 내가 심약하다는 생각을 지울 수 없었다. 그러니 계속 글을 쓰려면 부정적인 것에만 주목해서는 안 된다고 생각했다. 글 쓰는 일을 견뎌내려면 그렇게 할 수밖에 없다는 생각뿐이었다.

그런데 두려움과 공포에 대해 연구자들이 내놓은 결과가 이 일을 달리 보게끔 해준 것이다. 알고 보니 내가 보인 반응은 결함이 아니라, 매일 불의와 폭력을 대면하는 사람의 지극히 자연스러운 반응이었다. 우리는 모두 매일같이 불의와 폭력에 대한 소식을 접한다. 어딜 가든 그런 뉴스가 우리를 따라다닌다. 우리는 매주 전 세계에서 벌어지는 재난과 사고 소식을 듣는다.

그동안, 부정적 뉴스의 지속적 소비가 우리에게 어떤 영향을 끼치는지에 대한 수많은 연구가 이루어져 왔다. 부정적 뉴스는 우리에게 두려움과 부끄러움과 더 나은 세상을 만드는 데 기여하지 못했다는 죄책감을 불러일으킨다. 또한 부정적인 뉴스를 보다보면 우리는 활기를 잃고 냉담해지며, 스트레스에 취약해지고, 수동적으로 변한다. 상황을 변화시키고자 하는 의욕도 줄어든다. 눈앞에 펼쳐진 부정적 상황이 일시적이며 변화 가능하다고 생각하는 게 아니라, 앞으로도 결코 바꿀 수 없는 것이라고 여기게 된다.

역사가 리베카 솔닛Rebecca Solnit은 자신의 책《어둠 속의 희망Hope in the dark》에서 절망이 정치적 논쟁에서 결정적인—그리고 우리를 꼼짝 못하게 만드는—요소가 되었다고 쓴다. 우선 어떤 사람들은 자신들의 절망을 억압받는 이들과의 연대 행위로 이해한다. 억압받는 이들이 실제로 억압받는다고 여기는지와 무관하게 말이다. 사실 억압받는 이들은 자기 자신을 그런 눈으로 보고 있지 않을 수도 있다. 희생자가 되기 전부터 이미 그들 나름의 삶이 있었고, 그 뒤에도 여전히 삶을 살아가기를 희망하고 있기 때문이다. 둘째, 개인적인 이유로 절망에 빠졌음에도 자신의 절망을 정치적 분석의 형태로 외부에 드러내며, 이와 더불어 과거가 현재보다 더 나았다는 주장을 펴는 이들이 있다. 셋째, 절망을 이용해 자신을 과시하는 사람들도 있다. 솔닛에 따르면 우리는 흔히 어떤 일을 다각도로 보려는 사람에게 권위를 부여하기보다, 나쁜 소식을 전하는 사람에게 권위를 부여하는 경향이 있다. 세상이 완전히 몰락하는 모습을 그리는 것이 미래를 향해 얽히고설킨 길을 따라 비틀거리며 나아가는 모습을 그리는 것보다 늘 쉬운데도 말이다. 그리고 넷째, 마지막으로 그냥 완전히 탈진해 버린 사람들이 있다. 뭔가를 변화시키기 위해 진정으로 노력하다가 너무 지치고 절망해 버린 사람들이다.

솔닛은 페미니스트 수전 그리핀Susan Griffin도 언급한다. 그리핀은 1943년에 태어났고, 미국에서 유대인 가정의 입양아로 성장했다. 그리핀은 이렇게 말한다. "나는 내 삶에서 일어나는 많은 변화를 목격했다. 그렇기에, 절망은 자기파괴적일 뿐 아니라 비현실적이라는 걸 잘 알고 있다."

절망은 비현실적이다. 솔직히 말하자면, 좀 쉽고 편한 방법이다. 어차피 모든 것이 다 내리막길을 걸을 텐데, 상황을 바꾸기 위해 애쓸 필요가 뭐 있겠는가. 나의 일도 마찬가지다. 그저 문제점과 폐해만 지적하는 것이 추가로 해결 방안을 모색하는 기사를 쓰는 것보다 훨씬 쉽다. 상당수의 저널리스트들은 가능한 한 많은 관심과 주목을 이끌어내는 일에만 골몰하기 때문에 위기 상황을 극적으로 과장해서 기술하려 한다. 해결책을 찾는 건 다른 사람들의 몫이다. 하지만 문제가 과장되고 부정적인 방식으로 묘사될수록, 사람들은 문제를 해결하려고 애쓰지 않게 된다. 상황을 바꿀 수 없다고 믿게 되기 때문이다. 그런 까닭에, 부정적인 뉴스를 거듭해서 접한 사람들은 점점 더 자신이 정치와 사회에 영향을 끼칠 수 없다고 여기게 된다.

《테러 공포의 심리학》에서는 이렇게 말한다. "늘 최악의 상황에 대비하며 사는 것은 가장 불건강하고 비생산적인 생활 방식이다. 끊임없이 자기 앞에 놓인 죽음에 초점을 맞추고 사는 것이기 때문이다."

불안과 두려움, 그리고 그것들이 끼치는 영향에 대해 살펴볼수록, 나는 내가 왜 이야기 전달 방식을 근본적으로 바꿀 수밖에 없었는지 알 수 있었다. 세상을 실제보다 더 부정적으로 기술할 이유가 없다는 생각이 들었다. 그때부터 나는 기사 작성 태도를 바꾸기 시작했으며, 편집국이나 저널리즘 스쿨이 주최한 세미나, 강연 등에서 다른 사람들에게도 같은 이야기를 전하기 시작했다.

이제는 '다르게' 이야기해야 할 때

어릴 적 신문을 읽는 데 막 맛을 들일 무렵, 나는 한 여성에 대한 기사를 인상 깊게 읽었다. 집으로 가는 길에 한 무리의 10대 남자아이들이 던진 돌에 맞은 뒤 구타까지 당한 여성에 대한 기사였다. 기사에는 그이가 겪은 어려움이 절절히 묘사되어 있었다. 그 여성은 이후 혼자 길을 걸을 때마다 무력감과 두려움에 몸서리를 치곤 했다고 적혀 있었다. 사건을 아주 구체적으로 묘사한 기사였기에, 나는 그 기사를 읽으며 마치 현장에 있기라도 한 것처럼, 그이가 공격당하는 장면을 머릿속에 생생하게 그릴 수 있었다. 얼마나 무서웠을지 사무치게 느껴졌다. 내게 고스란히 전달된 그 공포는 꽤 오래도록 남아 있었고, 몇 년이 흐른 뒤에도 홀로 길을 걸을 때면 그 기사가 떠오르며 두려운 마음이 들었다. 직접 그런 일을 당한 적이 없는데도 말이다. 이는 오로지 부정적으로만 전달된 이야기들이 장기적으로 우리의 삶에 어떤 영향을 미치는지를 보여주는 수많은 예들 중 하나일 뿐이다. 나는 이와 유사한 기사들을 무수히 읽었고, 그중에는 우리가 평생 경험하는 것보다 더한 폭력이 묘사되어 있는 것들도 많았다.

물론 폭력 사건을 보도하는 건 잘못이 아니다. 폭력은 존재하며, 우리 현실의 일부다. 그러나 폭력을 극복할 방법은 제시하지 않은 채 사건 그 자체만 이야기할 경우, 비록 그럴 의도가 없었다 하더라도, 공포와 고통이 계속 확산되는 데 기여하게 된다. 그 이야기를 듣거나 읽거나 보는 이들에게 장기적으로 영향을 미칠 수 있는 고정관념을 심어주게 되는 것이다. 이는 폭력의 장을 용인하는 것이며, 폭력이 더 많은 힘을 갖도록 만드는 것이다. 우리가 원하는 건 정확히 그 반대 방향인데도 말이다.

폭력을 당한 여성에 대해 이야기하지 말아야 한다는 것이 아니다. '다르게' 이야기해야 한다는 것이다. 사건 이후 그 여성이 두려움과 공포를 어떻게 극복해 나갔는지를 함께 다루었다면 어땠을까. 그이가 아직 극복해 내지 못했다면, 비슷한 일을 겪은 다른 여성들 중 두려움을 극복한 사례를 찾아내고, 그들이 그럴 수 있도록 도와준 것은 누구인지, 혹은 무엇인지 함께 이야기했다면 어땠을까. 또한 그런 상황에서 자신을 방어할 수 있었던 여성의 사례가 있는지 찾아보고, 만약 있다면, 그렇게 하는 데 도움을 준 것이 무엇인지 이야기 나누고, 그런 상황에서 자신을 지키려면 어떻게 해야 하는지를 다루었다면 어땠을까. 나아가 그런 일을 겪은 후 다시 강인해지기 위해 무엇을 할 수 있을지 이야기했다면 어땠을까.

내가 그렇듯 '다르게' 쓰인 기사를 읽었다면, 그 후 혼자 돌아다닐 때 어떤 기분이 들었을까. 그것이 내 삶의 태도를 바꾸었을까. 사건을 겪은 여성 역시 '다르게' 쓰인 기사를 읽었을 텐데, 그이의 삶은 어떻게 바뀌었을까.

흑인 정치인 아미나타 투레Aminata Touré(세네갈의 여성 정치인으로 법무부 장관과 총리를 역임했다-옮긴이)는 일방적인 이야기 서술 방식이 폭력이나 차별을 받는 사람들에게 어떻게 느껴지는지를 이렇게 설명한다.

고통을 겪고 있다고 해도, 우리는 그와 동시에 삶에서 아름다운 순간들을 경험합니다. 연대와 공감 덕분에 가능한 일이죠.

그런데 고통받은 이가 그렇듯 아름다운 순간들을 이야기하면, 그 이야기들이 갑자기 우리를 겨누는 무기가 됩니다. 우리가 정말로 인종차별이나 성차별로 고통받았는지 의심하게 만드는 거예요.

그러다 보니 폭력이나 차별을 당한 사람들은 자신들이 어떻게 해서 기쁘고 후련한 순간을 누릴 수 있었는지까지 변호해야 한다. 그들은 마땅히 기쁨을 느끼는 삶으로 나아가야 하는데도 말이다.

고통에 대한 해결책을 이야기하면서 그들의 고통의 정도를 깎아내리려는 것이 아니고, 피해자들을 무력하고 의존적인 존재로만 묘사하지 않으면서 그들의 상황의 심각성을 폄하하려는 것도 아니다. 오히려 그 반대다. 피해자들을 더 이상 '희생자'로만 보지 않을 때 비로소 우리는 그들을 같은 눈높이에서 인격적으로 만날 수 있다. 나쁜 일을 당한 사람에게서 왜 아무것도 배울 것이 없겠는가.

부정적인 이야기는 일절 그만두고 기분 좋은 이야기만 하거나, 취재를 '미지근하게' 하자는 것이 아니다. 정치적이고 민감한 주제들, 어렵게 탐사해서 취재한 뉴스들은 사건 그 자체를 넘어 해결책이나 출구를 제시할 때 한층 더 좋은 보도가 된다는 것이다. 심리학자 조디 잭슨Jodie Jackson은 인터뷰에서 이렇게 지적했다. "해결 불가능해 보이던 문제가 해결 가능하다는 걸 보여주는 사람은 정부와 야당 모두에게 압력을 가하고, 권력관계를 비판적으로 돌아보게끔 한다."

부정적인 이야기에 초점을 맞추는 것은 비단 뉴스만이 아니다. 이런 경향은 우리의 이야기 문화 전반에 배어 있다. 우리의 이야깃거리는 이 문제에서 저 문제로, 이 어려움에서 저 어려움으로, 이 위기에서 저 위기로 옮겨다니곤 한다. 저널리스트들뿐 아니라 우리는 모두 매일 이런저런 메시지와 뉴스를 전달하면서 주변 사람들에게 영향을 미친다.

이때 우리 대부분이 부정적인 필터를 사용한다. 스스로 그런 필터를 사용하고 있다는 것조차, 아니 그런 필터가 있다는 것조차 자각하지 못할 때도 많다. 잠시 생각해 보자. 동료, 친구, 가족들에게 주로 어떤 이야기를 하는가. 좋았던 일, 아름다웠던 일, 감동적이었던 일에 대해 이야기하는가. 잘못된 일, 화났던 일, 스트레스받았던 일에 대해 이야기하는가. 어떤 일 때문에 다툰 이야기, 무언가 잘못되고 문제가 생긴 이야기, 힘들고 짜증났던 이야기를 주로 하지 않는가.

우리가 이야기 방식을 변화시키면, 자신의 삶뿐 아니라 주변 사람들의 삶도 변화한다. 어떻게 그럴 수 있을까? 이 책에

01 우리는 이야기로 이루어져 있다 37

서는 바로 그 변화의 여행을 따라가 보고자 한다. 이 책을 따라 걸으며, 우리는 이야기가 우리의 생각에 어떤 영향을 주는지 알게 될 것이고, 우리가 타인에게 어떤 이야기를 할까 결정하기 전에 뇌 속에서 무슨 과정을 거치게 되는지 이해하게 될 것이다. 또한 우리의 일상에 어떤 이야기 패턴이 굳건히 자리잡고 있는지를 깨닫고, 그런 패턴에서 자유로워지는 법을 배우게 될 것이다. 뉴스를 접할 때 심신이 피폐해질 일 없이 필요한 정보를 얻는 법을 훈련하게 될 것이다. 어떻게 하면 자신에게 해가 되는 것이 아니라 이익이 되는 방식으로 이야기할 수 있는지도 알게 될 것이다.

각 장을 마칠 때에는 우리의 이야기 습관 혹은 소비 습관을 되돌아볼 수 있는 실험을 제시할 것이다. 일상에서 실행할 수 있는 실험도 있고, 머릿속으로 하는 사고 실험도 있다. 이 실험들을 문제를 풀 듯 꼭 한 번에 실행할 필요는 없다. 실험의 제안 사항을 기억해 두었다가 일상에 적용하면 된다. 이 실험에 적극 임할수록 경험이 풍부해지고, 삶 속에서 구체적인 행동 변화를 일으킬 수 있으리라는 점이다.

우리는 이 책을 시작으로, 이 책을 뛰어넘는 긴 여행을 시작하게 될 것이다. 몇 달, 혹은 몇 년이 걸릴 수도 있다. 이 여행에서 우리는 자신의 새로운 면을 드러내게 될 것이고, 주변 사람들도 변화시키게 될 것이다.

여기저기 먼 곳으로 여행을 다니다 보면, 이전까지 추상적으로 막연하게 알던 세상을 보다 구체적으로 인식하게 된다. 지구상에 존재하는 지역들은 제각기 서로 다른 모습을 하고 있다는 것, 그리고 전적으로 나쁘기만 한 곳은 없다는 것도 실감하게 된다. 지구상 곳곳에서 각기 다른 삶이 동시에 흘러가고 있다. 내가 아는 사람들을 다 모아도, 그들은 지구상에 살고 있는 모든 사람들 중 극히 작은 부분에 지나지 않는다. 나는 세계의 대부분을 결코 두 눈으로 직접 보지 못할 것이다. 낯선 지역으로 여행을 갔을 때, 나는 그곳을 처음 대하지만, 사실 그 지역에서는 이미 수백, 수천 년 동안 삶이 이어져 왔다. 그런 생각을 하다 보면, 내가 아무것도 알지 못한 채 살아왔다는 걸 뼈저리게 느끼게 된다. 여행은 바로 그런 사실이 가장 피부에 와 닿는 시간이다.

여행한다는 것은 새로운 곳에 조용히 귀 기울이는 일이고, 아직 아무것도 그려지지 않은 백지상태로 그곳을 만나는 일이다. 나는 그곳의 인상들을 받아들이는 빈 종이와 같다. 여행은 새로운 시작이다. 세상에 대해, 그리고 세상에서 우리의 역할에 대해 다시 한번 새롭게 생각하는 시간이다. 이제 다음과 같은 상상으로 여행을 시작해 보자. 세상에서 벌어지는 나쁜 일만 다루는 대신, 더 나은 방향으로 변화해 나가는 모습을 보여주는 뉴스를 소비하고 산다면, 우리의 생각과 마음은 어떻게 될까. 우리의 삶에는 어떤 변화가 일어날까.

뉴스에서 매일 불의와 불공정에 대해서만 말하는 것이 아니라, 이미 일어나고 있는 긍정적인 변화를 보여준다고 생각해 보자. 뉴스가 나쁜 소식만 전하는 것이 아니라, 우리가 더 자유롭고, 안전하고, 주체적인 삶을 영위할 수 있는 세상을 만들려고 세계 곳곳에서 많은 이들이 최선을 다해 노력하고 있음을 보여준다고 상상해 보자.

사실 이렇듯 최선을 다해 애쓰는 사람들이 모든 나라에, 모든 도시에, 모든 마을에 있다. 뉴스에서만 그런 사람들을 발견하지 못할 따름이다. 그런데 상황이 바뀌어 뉴스가 달라진다고 상상해 보자. 그러면 당신의 삶도 변화할까. 그 변화가 당신의 결정과 선택에 어떤 영향을 미칠까.

'다른' 이야기를 위한 실험 1

의식적으로 뉴스들을 듣거나 보거나 읽어보라.
뉴스 시작 전, 뉴스 시청 중, 뉴스 시청 후 자신의 상태가 어떤지 살펴보라.

하루 동안 주로 어떤 이야기들을 듣고 보고 읽는가.
그중 얼마나 많은 것들이 '부정적이기만' 한 것들인가.
뉴스, 영상, 책, 주변인들이 당신에게 들려주는 이야기들을
망라해 생각해 보라

당신이 읽을 책, 영화, 영상, 혹은 당신이 누군가에게 하려고 하는
이야기가 무엇인지 실행하기 전에 생각해 보라.
해당 책, 영화, 영상, 이야기가 당신에게 어떤 생각과 감정을
불러일으킬지 상상해 보라.

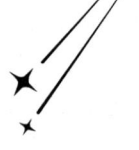

02
정치적이고 편파적인 이야기들

우리는 생각에 깃들여 있다.
어떤 생각은 피난처,
어떤 생각은 관측소,
어떤 생각은 창문 없는 감옥.
어떤 생각은 뒤로하고,
다른 생각에 들어서며,
우리는 살아간다.

_ 리베카 솔닛

뉴스는 '선택된' 소식들만 보여준다

뉴스는 어떻게 뉴스가 될까. 어떤 사건이 보도될 만한 가치가 있는지 없는지를 결정하는 것은 무엇일까. 우리는 모두 나의 할머니와 같은 원칙을 따르는 것일까. 이상하고, 극적이고, 좋지 않은 소식들만 '이야기할 가치가 있는' 것일까.

뉴스가 우리에게 미치는 영향을 알려면, 우선 뉴스가 무엇인지를 이해해야 한다. 뉴스란 무엇인가. 뜬금없는 질문처럼 여겨지는가. 물론 우리는 뉴스가 무엇인지 알고 있다. 우리는 늘 주변에서 뉴스를 접하며 산다. 그러니 뉴스가 무엇인지 모르는 사람은 없을 것이다. 하지만 우리는 스스로 잘 안다고 여기는 일에서 종종 세부적으로 중요한 사항들을 간과하곤 한다. 무슨 말인지 좀 더 자세히 살펴보기로 하자.

뉴스는 하루, 일주일, 한 달 등 특정한 시간 동안 일어난 사건들 중에서 선별한 소식들이다. 무슨 뜻일까. 이는 뉴스가 결코 완전할 수 없다는 의미다. 우리가 얼마나 많은 뉴스를 소비하든 간에, 뉴스는 세상에서 일어나는 모든 일들을 보여주지 않는다. '선택된' 소식들만을 보여줄 따름이다. 게다가 무작위로 선택하는 것도 아니다. 각 저널리스트가 보도할 만한 가치가 있다고 여기는 사건들을 선별한다. 선별 기준은 무엇일까. 저널리스트들은 어떤 기준으로 보도할 만한 가치가 있는지 없는지를 결정할까.

대부분은 소위 '뉴스 요소News Factors'를 기준으로 판단한다. 어떤 사건에 얼마나 많은 사람들이 연루되어 있는가. 유명인도 연관되어 있는가. 이례적인 사건인가. 심지어 전례가 없는 일인가. 지리적, 문화적으로 얼마나 멀리 떨어진 곳에서 발생했는가. 보도된 지역의 사람들에게 얼마나 많은 영향을 끼쳤는가. 해당 사건으로 인해 얼마나 많은 갈등이 일어났으며, 어떤 피해가 발생했는가.

뉴스 요소는 약 100년 전에 처음 등장했다. '냉전Cold War'이라는 용어를 처음 사용한, 미국의 유명 저널리스트이자 작가 월터 리프먼Walter Lippmann은 1922년에 출간한《여론The Public Opinion》에서 언론보도를 통해 어떻게 여론이 형성되는지를 보여주었다. 아울러 '뉴스의 본질'이라는 장에서는 저널리스트들이 어떤 사건을 보도할지 결정하는 기준이 되는 10가지 요소를 처음으로 언급한다.

그 후 몇십 년 동안 여러 연구자들이 뉴스 요소를 정의해 왔는데, 그때마다 선배 연구자들이 정의한 요소들을 조금씩 수정해서 소개했다. 어떤 연구자는 여러 요소를 묶어 정의했고, 어떤 연구자는 더 세분화했다. 어떤 연구자는 성을 별도의 요인으로 떼어냈고, 어떤 연구자는 범죄를 별도로 떼어냈다. 하지만 전반적으로 볼 때 뉴스 요소들은 지난 100년간 기본적으로 변하지 않았다. 저널리스트들은 대개 지역적으로 가까운 곳에서 일어난 일, 이례적인 일, 갈등으로 점철되어 있는 일, 특정인이 연루되어 있는 일, 사건이 초래하는 결과가 광범위한 일 등을 보도한다.

저널리스트 중에 '뉴스 요소'라는 말을 들어보지 않은 사람은 없을 것이다. 대학의 미디어 강의나 언론사 내부 교육, 혹은 수습기자 과정에서 반드시 뉴스 요소에 대해 배운다. 매일

같이 세상에서 벌어지는 많은 일들 가운데 어떤 것들을 '가장 중요한 것'으로 걸러낼지에 대한 가이드라인으로서 말이다.

그러나 사실 뉴스 요소는 가이드라인으로 삼기 위해 정의된 것이 아니다. 어떤 연구에서도 그렇게 말하지 않는다. 일반적으로 언급되는 뉴스 요소가 '유익한' 뉴스들을 만들어냈는지, 시청자나 독자들에게 호평을 얻도록 해주었는지, 중요한 사건과 중요하지 않은 사건을 잘 구분하도록 해주었는지, 주변 세계를 논리적으로 설명하는 데 도움을 주었는지 조사한 연구자는 아무도 없다. 어떤 특징을 지닌 뉴스들이 주로 보도되는지를 살펴보는 설명적 연구가 대부분이다.

연구자들이 한 일은 선택되는 뉴스의 카테고리를 파악하고, 카테고리에 이름을 붙이고, 경우에 따라 분류하는 것이었다. 즉, 어떤 종류의 뉴스가 선별되는지를 살펴본 것이지, 뉴스를 선별하는 의미 있는 방식을 살펴본 것이 아니다. 뉴스를 어떻게 선별해야 하는지 그 당위를 언급한 것이 아니라, 뉴스가 어떻게 선별되고 있는지 그 현상을 이야기한 것이다.

현상에 대한 단순한 설명이 가이드라인인 것처럼 받아들여지면, 과거는 변하지 않은 채 미래로 이어진다. 뉴스 요소를 수단 삼아 어떤 사건이 보도할 만한 가치가 있는지 없는지를 결정하는 건, '우리는 늘 그렇게 해왔다'며 타성에 젖어 행동하는 것과 다르지 않다. 다만 더 어려운 말을 쓰는 것뿐이다. 우리가 무언가를 왜 그렇게 하고 있는지, 그것이 효과적이고 의미 있고 건설적인 방식인지를 묻지 않는다면, 우리는 나침반 없이, 많은 경우 목표 없이 여행하는 형국이 될 것이다.

단편적이고 획일적인 '이야깃거리들'

언론에 보도되는 것은 세계의 정확한 모습이 아니다. 이를 명확히 인식하는 것이 중요하다. 우리가 보는 것은 선별한 사건들이다. 시간이 흐름에 따라 생겨났고, 이후 거의 변하지 않은 기준에 따라 선별된 사건들 말이다.

그러다 보니 개별 뉴스는 사실에 부합하더라도, 이를 모아 놓으면 완전히 왜곡된 상이 생겨난다. 그래서 이를 똑바로 의식하지 않으면, 우리는 어느 순간 바깥 세계가 뉴스에서 보는 그대로라고 믿게 된다. 우리의 머릿속에 떠오르는 그대로, 세계가 정말로 위험하다고 믿게 되는 것이다.

우리가 뉴스 요소를 통해 분류된 사건들만 접할 때 생겨나는 또 다른 문제는, 지리적·문화적으로 멀리 떨어진 지역의 경우, 전쟁, 자연재해, 테러, 비행기 추락 등 주로 비극적인 사건이 일어날 때만 해당 지역이 우리 뉴스에 등장하게 된다는 것이다. 이런 일이 반복되면, 그 지역에 사는 사람들에 대해 우리는 어떤 이미지를 갖게 될까?

오랫동안 독일의 뉴스통신사에서 저널리스트로 일한 내 친구는 언젠가 이렇게 말했다. 그가 어느 나라로 일하러 가든, 그 나라 특유의 주제와 연관된 뉴스를 공급해 달라는 요청이 들어온다는 것이다. 그런 주제는 어떤 나라에서는 마약 밀매와 전쟁이고, 또 다른 나라에서는 산악 관광과 지진이다. 우리가 그런 대화를 나누던 당시, 오스트레일리아에서 일하고 있던 그는 이젠 주로 동물 이야기를 취재해 달라는 요청이 들어온다며 웃었다. 상어, 뱀, 거미를 비롯해 위험한 동물에 대한 기사를 원하고, 그가 이와 무관한 이야기를 제안할 때마다 이런 대답이 돌아온다는 것이었다. "그건 이야깃거리가 안 돼."

나이지리아 작가 치마만다 응고지 아디치에Chimamanda Ngozi Adichie는 어떤 나라나 집단, 사람에 대해 늘 동일한 특성을 부여하며 동일한 이야기를 하는 일의 위험성을 '단편적 이야기의 위험성The danger of a single story'이라 지칭한다. 우리가 어떤 대상에 대해 늘 똑같은 이야기를 하다보면 상투적 사고나 편견이 굳어진다. 아디치에도 그런 일을 겪었다. 2009년, 아디치에는 TED 강연에서 어린 시절 책을 읽기 시작한 이후 주로 미국과 영국의 어린이책을 즐겨 읽었으며, 7세 무렵부터는 스스로 글을 쓰기 시작했다고 말했다.

　책을 읽으면 이야기 주인공들은 전부 흰 피부에 파란 눈을 가졌고, 눈 속에서 뛰어놀았고, 사과를 먹었어요. 해가 나서 좋다는 식으로 날씨 이야기도 많이 했죠. 저는 그때 나이지리아에 살고 있었고, 한 번도 나이지리아 밖으로 나가본 적이 없었어요. 나이지리아에는 눈이 내리지 않았고, 우리는 사과가 아니라 망고를 먹었죠. 그리고 날씨 이야기는 전혀 하지 않았어요. 그런 이야기를 할 필요가 없었으니까요.

아디치에는 어릴 적에 주로 외국 책만 읽었기에, 책이란 외국 사람들이 등장하는 것이며, 자신이 경험하지 못한 이야기들이 나오는 것이라고 확신했다. 그러다가 아프리카 책들을 읽기 시작하면서 비로소 문학에 대한 인식이 바뀌었다. "나는 나 같은 사람들도 (…) 문학 속에 등장할 수 있음을 깨달았어요. 그러고는 내가 아는 것들에 대해 쓰기 시작했죠."
아디치에는 살아오면서 '단편적 이야기' 현상을 거듭 마주

했다고 말한다. 자꾸 그런 현상이 눈에 들어오는 건 자신의 편견 때문일 수도 있었겠지만, 무엇보다 그가 만난 사람들이 아프리카에 대해, 아프리카 전 대륙에 대해 늘 동일한 이미지를 가지고 있기 때문이기도 했다. 대학 공부를 위해 미국으로 유학을 왔을 때, 아디치에는 미국인 학생과 한방을 쓰며 이런 일을 겪었다.

> 그 친구가 내게 '부족음악'을 좀 들려달라고 했는데, 내가 머라이어 캐리의 카세트테이프를 꺼내자 굉장히 실망했어요. (…) 룸메이트는 아프리카에 대해 단 하나의 이야기만을 알고 있었어요. 단 하나의 숙명적인 이야기 말이에요.

어떤 교수는 아디치에가 쓴 이야기가 '순수 아프리카적'이지 않다고 평했다. 주인공이 미국에서 교육받은 중산층인 교수 자신과 너무 비슷하다는 이유로 말이다.

어떤 나라, 집단, 혹은 사람에 대해 늘 같은 이야기를 듣다 보면, 세월이 흐르면서 그들에 대한 선입견이 생긴다. 그리고 그들이 우리와 너무나 다르다는 생각이 들면서 그들에게 감정이입을 하기가 어려워진다. 얼마나 많은 것들이 우리를 이어주는지 깨닫기 힘들어지는 것이다. 그들도 우리와 비슷한 감정과 소망, 꿈과 희망, 두려움과 고통을 가지고 있음을 알지 못한다. 우리는 서로 공통으로 지닌 많은 것들을 보는 대신, 서로를 가르는 것들에 초점을 맞춘다.

작가인 퀴브라 귀뮈사이Kübra Gümüşay는(무슬림 튀르키예계 독일인 작가-옮긴이) 말한다. "독일에서 소외된 소수에 대해 어떤 진실들이 유포되고 있는지 한번 자문해 보세요. 흑인 청소년, 이주민 가장, 무슬림 할머니들에 대한 묘사가 얼마나 획일적인지 생각해 보세요."

뇌는 때로 뉴스와 현실을 구분하지 못한다

카불에서 지내는 동안 독일 편집국 동료들이 내 기사를 읽고 혼란스러워하는 일을 여러 번 경험했다. 그들이 아프가니스탄에 대해 생각하던 이미지와 내 글이 일치하지 않았기 때문이다. 그들은 직접 아프가니스탄에 가본 적이 없었고, 아프가니스탄에서 자란 사람들을 만나본 적이 없었음에도, 자신들이 카불에서의 삶이 어떤지, 전쟁 상황이 어떤지, 심지어 개개인의 삶의 상황이 어떤지를 안다고 생각했다. 혹은 나와 내 남편이 아프리카의 젊은 평화 활동가 모임인 '아프간 평화 자원봉사단Afghan Peace Volunteers'에 대한 다큐멘터리를 촬영했을 때, 우리는 편집 과정에서 주인공들이 '진짜' 아프간인들이라기보다 유럽의 젊은이들처럼 보인다는 소리를 여러 번 들었다. 청바지와 티셔츠 차림으로 카메라 앞에서 자기감정을 솔직하게 이야기하는 모습이 아프간 사람들처럼 보이지 않는다는 것이었다. 우리와 너무 비슷하고, 전혀 낯설지 않게 느껴진다는 평이었다.

아프간 평화 자원봉사단 소속 청년들은 아프가니스탄에서 수십 년간 분쟁을 겪어온 서로 다른 민족 출신으로 구성되었는데, 평화를 위한 첫걸음으로 주거 공동체에서 함께 생활했다. 처음에 몇몇 청년들은 다른 민족 출신들을 겁냈고, 독을 탔을지도 모른다는 두려움에 그들이 만든 음식에는 손을 대지 않았다. 어른들에게서 다른 민족 구성원들에 대한 끔찍한 이야기를 너무 많이 들어온 탓이었다. '타자'에 대해 들어온 비슷비슷한 이야기들이 굴레로 작용했고, 거기서 벗어나기가 쉽지 않았던 것이다.

아프간 평화 자원봉사단을 취재하던 시기에 그들의 주거 공동체 근처에서 폭탄이 터진 적이 있었다. 봉사단 소속 청년 중 부상자는 없었지만, 그들이 거주하는 집 창문이 깨졌고, 몇몇은 테러의 충격에서 며칠간 헤어나지 못했다. 청년들은 폭발 직후 상황을 영상으로 남겼는데, 우리는 그 영상을 다큐멘터리에 사용하려고 했다. 테러가 카불 주민들의 일상을 얼마나 예기치 않게 중단시키는지 보여주기 위해서였다. 독일로 돌아온 뒤, 우리와 편집자들의 의견이 갈렸다. 편집자들은 무조건 다큐멘터리 시작 부분에 카불에서 일어난 여러 번의 테러 영상들을 넣어야 한다고 주장했다. 전쟁지역에서 다음 테러에 대한 두려움을 끊임없이 안고 산다는 게 어떤 느낌인지를 전달해야 한다는 것이었다. 우리 생각은 달랐다. 사실 실생활에서 테러는 아주 예기치 않게 찾아오는 것이고, 그렇기에 더 잔인한 것이라고 말하자, 편집자들은 우리더러 카불에 너무 오래 산 모양이라며, 카불의 일상은 도무지 그렇게 보이지 않는다고 했다. 그들은 아프가니스탄에 가본 적도 없었고, 다른 전쟁지역에서 살아본 일도 없었다. 그런데도 그들은 그곳의 현실을 잘 알고 있다고 확신했다. 여태까지 전쟁지역에 대한 뉴스나 영상을 보아왔기 때문이었다. 그들은 아프가니스탄이 어떤 곳인지 '알고' 있었다. 하지만 사실 그들은 아프가니스탄에 대해 늘 '같은 이야기'만 알고 있을 따름이었다.

조디 잭슨은 이렇게 쓴다. "우리는 때로 [뉴스를] 너무 확신하는 나머지, 마치 그것이 자신의 두 눈으로 목격한 일인 양 뉴스를 퍼 나른다." 우리가 이렇게 행동하는 이유는 우리의 뇌가 정보를 처리하고 저장하는 방식 때문이다. 뇌는 미디어를 통해 알게 된 것과 실생활에서 경험한 것을 구분하지 못한다. 잭슨에 따르면 미디어 보도는 개인적 경험처럼 기억될 수 있고, 구체적인 고정관념을 만들어낼 수 있다.

같은 현실을 여러 번 반복해서 보다 보면, 어느 순간 우리는 그곳에 그것 말고 다른 현실도 있다는 상상을 잘 하지 못하게 된다. 저널리스트들도 이런 인지 오류에서 안전하지 않다. 오히려 그 반대다. 저널리스트들은 평균 이상으로 많은 뉴스를 소비하기 때문에, 세상을 평균 이상으로 잘 안다고 믿기 쉽다. 하지만 대개 저널리스트들이 소비하고, 보도하는 소식들은 늘 같은 이야기이다.

아디치에는 TED 강연에서 새로운 이야기 방식을 꿈꾼다며 이렇게 말했다.

만약 내 룸메이트가 이런 이야기들을 알게 된다면 어떨까요? 지난주 나이지리아 라고스의 한 병원에서 시행된 심장 수술 이야기, 나이지리아에서 여성이 신분증을 갱신하려면 남편의 동의를 얻어야 하는 말도 안 되는 법에 맞서 싸우고자 법정에 출두한 여변호사 이야기, 혁신적인 사람들이 기술적인 어려움을 이겨내며 많은 영화를 만드는 나이지리아 놀리우드Nollywood(나이지리아 영화업계를 지칭하는 용어-옮긴이) 이야기.

우리가 하는 이야기들이 늘 같은 이야기의 변형으로만 그치지 않게 된다면 어떨까. 세상과 주변에서 일어나는 다양한 이야기들을 절반만이라도 그려낼 수 있다면 어떨까.

개개인을 익명의 집단으로 기술하는 뉴스들

이야기의 단편성과 획일성에 대한 아디치에의 지적은 소설이나 영화뿐 아니라 뉴스에도 적용된다. 우리는 자국민들에 대해서는 개개인을 매우 다양하고 개별적인 존재로 인식한다. 반면 다른 나라 사람들에 대해서는 획일적으로 싸잡아 평가하며, 그들은 이러저러하다는 선입견을 갖는다. 그도 그럴 것이 자기 나라 사람들, 주변 사람들에 대해서는 다른 나라 사람들에 대해서보다 더 개별적이고 다면적인 보도가 이루어지기 때문이다. 도르트문트 공과대학의 한 연구는 2015년 8월부터 2018년 3월까지 유럽 전역에서 난민을 다룬 뉴스 텍스트를 분석했다. 그 결과, 전체 기사 중 난민을 '개인'

으로 인식할 수 있게끔 보도한 기사는 8퍼센트에 불과했고, 92퍼센트는 난민을 그저 '익명의 집단'으로 기술한 것으로 나타났다.

어떤 사람들을 거의 획일적인 집단으로 기술하는 기사는 우리의 인식에 어떤 영향을 미칠까. 이 경우, 우리는 집단에 속한 개개인을 얼마나 구분할 수 있을까. 그들이 처한 상황에 얼마나 감정이입을 할 수 있을까. 여러 연구에 따르면, 사람들을 개인이 아닌 집단으로 기술할 경우, 그들에 대한 연민과 공감, 그들을 돕고자 하는 마음이 급격히 줄어드는 것으로 나타났다. 단 두 사람인 경우에도 마찬가지다. 그들을 두 개인으로 이야기하는 것과 싸잡아 한 커플로 이야기하는 것에는 이미 차이가 있다. 이런 현상과 관련해 한 연구자는 다음과 같이 말했다. 더 많은 사람이 죽을수록 우리는 그 죽음에 더 무관심해진다.

유럽으로 오는 길에 지중해에서 익사하는 사람들을 그저 '난민'이나 '이주민'이라 부르며 '집단'으로서만 인식하고, 고귀한 생명으로서 개개인이 안전한 삶을 찾아 피난하다가 죽어가고 있음을 의식하지 않는다면, 우리는 그들의 죽음에 무관심해질 것이다. 연민하고 동정하는 마음을 덜 갖게 될 것이고, 그들이 처한 문제에 대해 항의하는 마음을 덜 갖게 될 것이며, 어느 순간부터는 그들이 그렇게 죽어가는 상황을 어쩔 수 없는 일로 받아들이게 될 것이다. 유럽의 법과 독일 정치인들의 결정으로 인해 그런 일이 벌어지고 있는 것인데도 말이다. 하지만, 독일 정치인들의 최고 행동 원칙은 독일 기본법에 근거한 것이어야 하고, 독일 기본법 제1조는 "인간의 존엄성은 침해될 수 없다"는 것이다.

이야기에서 누가 주체가 되는지의 문제, 다시 말해 행동하는 인간, 즉 개인이 주체가 되는지 아닌지의 문제는 굉장히 정치적인 사안이며, 정치적인 영향을 미친다.

2018년, 50개국 12만 5000명을 대상으로 실시한 '민주주의 인식 지수Democracy Perception Index' 조사에서 민주주의 국가에 거주하는 국민의 약 54퍼센트가 자신의 목소리가 전혀 들려지지 않거나 거의 들려지지 않는 것 같다고 답했다. 독일에서는 이 비율이 60퍼센트에 달했고, 이는 조사 대상 50개국 중 7번째로 높은 수치다.

튀르키예계 영국 작가 엘리프 샤팍Elif Şafak은 자신의 목소리를 갖지 못한다는 느낌이 어떤 사회적 결과를 초래하는지 설명한다.

목소리를 거부당한 사람들은 자신의 삶, 투쟁, 내적 변화로부터 서서히, 체계적으로 소외되어, 결국은 가장 주관적인 경험마저도 남의 눈을 통해서만 인식하게 된다.

자기 목소리를 내지 못하게 되는 것은 자기 존재를 부정당하는 것과 다르지 않다. 그렇게 침묵 '당하는' 가운데 우리 안의 무언가가 서서히 죽어간다. 자신의 말이 체계적으로 무시된다는 느낌을 주는 사회에서 사는 개인은 한 걸음 더 나아가 타인의 말에도 귀 기울이지 않게 된다. 샤팍은 이렇게 쓴다. "우선 우리의 귀가 봉인되고, 다음으로 마음이 봉인된다. 타인의 말에 귀 기울이려는 마음이 사라지면, 타인 역시 나의 말에 귀 기울이지 않는다고 느끼게 된다."

나는 우리의 다큐멘터리 영화를 상영할 때 그저 경청하는 것만으로도 얼마나 큰 힘이 생겨날 수 있는지를 깨닫는다. 나와 내 파트너는 영화를 전공하지 않았다. 다만 어느 순간, 글 대신 영상으로 전하고 싶은 이야기가 있음을 깨달았을 뿐이다. 몇 년 전, 우리는 영화에 다른 장면은 거의 넣지 않고, 주인공들이 직접 카메라에 대고 이야기하게 하기로 했다. 우리가 〈트루 워리어스〉에서 이 방식을 처음 채택하자 주변 사람 모두가 말렸다. 관객들이 10분도 버티지 못할 거라는 이도 있었고, 그런 영화를 보려는 사람은 아무도 없을 거라는 이도 있었다.

다큐멘터리 영화 제작자와 뉴스 저널리스트들이 쓰는 말 중에 '토킹 헤드Talking Head'라는 표현이 있다. 바로 인터뷰를 하는 사람들을 말한다. 뉴스나 영화에서 '토킹 헤드'가 주된 요소가 되어서는 안 된다는 것이 업계의 암묵적인 규칙이다. 그런 까닭에 우리가 90퍼센트 인터뷰로 이루어지는 다큐멘터리 영화를 만든다고 하자, 모두가 예외 없이 관객들은 그런 다큐멘터리를 보지 않을 거라고 단언했다.

하지만 우리는 흔들리지 않았다. 우리가 담은 것은 '토킹 헤드'가 아니라 '살아 있는 얼굴들'이었다. 그들은 그저 말로만 이야기하는 것이 아니라, 눈과 가슴으로 이야기하는 사람들이었다. 마음을 열고 자신의 취약함을 보여줄 용기가 있는 사람들이었고, 자신들의 경험뿐 아니라 마음과 감정을 나누려 하는 사람들이었다. 우리는 그들이 어떤 극적인 장면들보다 더 많은 이야기를 들려줄 수 있으리라고 확신했다.

그래서 우리는 계획을 철회하지 않았고, 원래 생각했던 대로 영화를 만들었다. 이후 시사회와 200회가 넘는 영화 토론회에서 관객들은 사람들의 이야기에 귀 기울일 수 있어서 좋았다고 말했다. 나아가 관객들은 우리에게 등장인물들을 정말 잘 알게 된 느낌이라고 말했다.

전통적인 이야기 방식에서 벗어나는 법

리베카 솔닛은 《이것은 누구의 이야기인가 Whose Story is this》에서 우리가 새로운 방식으로 이야기하기 시작할 때 어떤 영향을 미치게 될지를 기술한다. 저자는 이야기를 관통하는 서사가 기존의 전형적인 방식에서 탈피해 여성 인물들이 중심이 되는 방식으로 새로 쓰이고 있고, 박물관은 전통적인 방식에서 벗어나 이전까지 침묵 속에 갇혀 있던 목소리들을 위한 자리를 마련해 주고 있다고 말한다. 또한 식민통치자나 전범들의 이름으로 불리던 거리와 광장이 자유 투사나 평화운동가나 인권운동가의 이름을 따서 개명되고 있다고도 설명한다. 솔닛은 "그러나 뉴스와 정치 현실에 있어서, 우리는 여전히 그것이 누구의 이야기인지, 누가 중요한지, 누구에게 연민과 관심을 기울일 것인지를 두고 씨름하고 있다"고 지적한다.

나는 처음 소설을 쓰기 시작했을 때 주인공이 남자여야 한다고 생각했다. 이유는 단순했다. 그때까지 거의 남자가 쓴 책들만을 읽어왔기 때문이다. 여자가 주인공인 소설을 읽는 것에 익숙하지 않았기에, 여자가 주인공으로 등장하는 소설을 쓴다는 걸 상상하기가 어려웠다. 여자를 주인공으로 설정하면, 충분히 흥미롭고, 진정성 있게 그려낼 수 있을지 의문이 들었다. 나 자신이 여성이고, 거의 30년간 여성의 눈으로 세상을 봐왔다는 사실도 그런 걱정을 불식시키지 못했다. 20년간, 남자가 쓴 수많은 책을 읽어왔다는 현실이 더 무겁게 다가왔다. 그런 책들에서 여성은 보조적 인물이었던 것이다. 내가 의식적으로 여성이 쓴 책들을 읽지 않았던 것은 아니다. 그냥 그렇게 된 것이다. 그때 우리는 학교에서 아비투어Abitur(독일의 대학입학자격시험-옮긴이)를 준비하며 토마스 만의 《마의 산Der Zauberberg》과 괴테의 《파우스트Faust》를 열심히 읽었다. 시몬 드 보부아르, 한나 아렌트, 버지니아 울프를 비롯한 여성작가의 책들은 수험생들이 읽어야 하는 필독서 목록에 등장하지 않았다. 그 후 16년이 지나 아비투어 준비를 하는 조카와 이야기하면서 알게 된 것이 있는데, 바로 여전히 《파우스트》를 읽어야 한다는 사실이다. 조카는 책을 읽으며 내게 이렇게 말했다. "이 책은 더 이상 시대에 맞지 않는다고 생각해요. 문체뿐 아니라 배후의 전체 세계관이 그래요." 조카와 대화를 나눈 뒤, 나는 바이에른주 인문계 중고등학교 12학년 커리큘럼에 실린 권장도서 목록을 살펴보았는데, 총 141권 중 여성 작가의 책은 14권뿐이었다. 권장도서는 10개 카테고리로 나뉘어 있었는데, 그중 4개 카테고리에는 아예 여성 작가의 책이 없었다. 여성 소설가는 너무 적어서 고작

한 줄로 나열할 수 있을 정도다.

헤르타 뮐러, 율리 체, 안드레아 마리아 셴켈, 크리스타 볼프. 2009년 노벨문학상 수상자인 헤르타 뮐러는 이름에 오타가 나 있었으며, 역시 노벨문학상 수상자들인 도리스 레싱, 엘프리데 옐리네크, 토니 모리슨은 아예 권장도서 목록에 들어 있지도 않았다. 버지니아 울프, 한나 아렌트, 시몬 드 보부아르도 내 학창 시절과 마찬가지로 전혀 언급되지 않았다. 커리큘럼에는 문학작품을 다루는 일이 '차별화된 세계관의 기초'가 되어야 한다고 명시되어 있었는데, 이런 권장도서 목록으로는 기적에 가까운 일이 아닐까 싶다.

그렇다면 대학에서는 어떨까? 독문학을 전공한 문학 블로거 카타리나 헤르만^{Katharina Herrmann}은 독문학 전공 과정에서 중세부터 현대 독문학을 아우르는 필수 도서목록에 포함된 216개 문학 작품 중 여성 작가의 것은 18개에 불과하다는 것을 발견했다. 또한 로스토크대학의 '#여성헤아리기^{frauenzählen}' 연구에 따르면, 미디어에서 언급되는 책들 가운데 3분의 2 이상이 남성 저자의 책이라고 한다.

내가 쓰고자 하는 소설에서 여성 주인공을 상상하는 것조차 어색한 것이 너무나 이상한 일이라는 걸 깨닫고 나서, 나는 의도적으로 여성 작가들의 책을 읽기 시작했다. 그러자 얼마 지나지 않아 여성이 주인공으로 등장하는 소설을 자연스럽게 상상해낼 수 있었다. 이야기는 우리가 통제할 수 없는 방식으로 우리에게 영향을 끼친다. 하지만 우리는 어떤 이야기를 소비할 것인지 스스로 결정하고 통제할 수 있다. 문화 저널리스트이자 작가인 세이다 쿠르트Şeyda Kurt는 "전통적으로 오랜 세월 동안 답습된 현실이 아무리 강력해도, 우리는 그것에 동의하지 않을 수 있고, 묵인하지 않을 수 있다"고 말한다.

우리가 그것들로부터 완전히 자유롭다는 뜻은 아니다. (…) 하지만 나는 기존 질서의 힘을 거스르면서, 다른 이들에게도 함께 진실을 찾아 나가자고 제안할 수 있다.

영화를 볼 때, 책을 읽을 때, 뉴스를 접할 때, 대화를 할 때, 우리는 어떤 이야기를 머릿속에 받아들이고, 어떤 이야기를 받아들이지 않을지 통제할 수 있다. 이때, 이야기의 내용만 중요한 것은 아니다. 이야기를 전달하는 방식도 중요하다.

영웅 서사에 기대는 사람들

우리가 흔히 접하는 대부분의 이야기에서는 영웅이 주인공 역할을 한다. 블록버스터, 코미디, 뉴스, 르포르타주에서도 그렇고, 주변 사람들에게 듣는 이야기에서도 그렇다. 주인공은 임무를 완수하기 위해 때로는 혼자, 때로는 몇몇 선택된 조력자들과 함께 길을 나선다. 그런 다음 머지않아 성공과 실패를 맛보고, 예기치 못한 도전에 직면하게 되며, 맞서 싸워야 할 적과 맞닥뜨리게 된다. 왜 많은 이야기들이 이렇듯 전형적인 방식으로 전개될까.

이는 무엇보다 1949년에 출간된 책 때문이다. 바로 미국의 종교학자이자 신화학자 조지프 캠벨Joseph Campbell이 쓴 《천의 얼굴을 가진 영웅The Hero with a Thousand Faces》이다. 평생 신화에 천착한 캠벨은 이 책에서 문화, 시대, 장소, 종교와 무관하게 거의 모든 신화가 동일한 패턴으로 서술된다고 쓴다. 그리고 이런 패턴을 '영웅의 여정hero's journey'이라 부른다.

영웅의 여정은 한 사람이 문제에 직면하고 이를 해결하기 위해 길을 나서는 것으로 시작한다. 우선 그는 멘토를 만난다. 멘토는 영웅이 길을 나서도록 격려하며, 영웅을 훈련시키고 가르친다. 훈련에서 본질적으로 중요한 목표는 가공할 적을 제압하는 것이다. 임무를 수행하기 위한 여정에 동료들이 함께하지만, 결국에는 주인공 혼자서 맞서 싸워야 한다. 이때 주인공은 자신의 약점뿐 아니라 자신의 과거와도 맞서야 한다. 전형적인 이야기 패턴에 따르면, 적을 물리칠 때 비로소 그 두 가지 문제를 극복해 낼 수 있으며, 이를 완수해 내면 합당한 보상, 보물, 무기, 중요한 정보 등을 얻는다. 보상을 얻은 주인공은 이제 안전해졌다는 믿음을 갖고 귀향길에 오르지만, 다시 예기치 않게 적이 등장한다. 주인공은 새로운 싸움에 임해야 하고, 이를 통해 자신이 정말 새로 태어났음을 입증해야 하며, 마침내 적을 물리침으로써 최종적인 승리를 거둔다. 주인공은 궁극의 승리에 대한 보상으로 '신비의 영약'을 얻어 고향으로 돌아간다. 그가 얻은 신비의 영약은 바로 주변 사람들에게 전수해 주게 될 '경험'과 '지혜'다.

'영웅의 여정'이 탄생한 이래, 그것은 서구의 기자, 시나리오 작가, 감독, 작가, 음악가, 카피라이터, 치료사, 경영 컨설턴트, 강연자 등이 활용하는 이야기 패턴이 되었다. 이야기를 흥미진진하게 전달하는 법을 배우는 곳에서는 거의 어디서나 영웅의 여정이 등장한다. 경영진을 위한 워크숍에도, 초등학교 4학년 수업 시간에도 등장한다. 물론 우리가 듣거나 읽거나 보는 모든 이야기가 이런 패턴으로 전달되는 것은 아니지만, 분명한 건 이런 패턴의 이야기가 아주 많다는 것이다. 영화만 보더라도, 〈매트릭스〉〈반지의 제왕〉〈스타워즈〉〈라이온 킹〉〈그랜 토리노〉〈타이타닉〉〈슈렉〉〈해리포터〉〈스파이더맨〉〈아바타〉〈네버엔딩 스토리〉〈니모를 찾아서〉〈뮬란〉〈헝거게임〉〈포레스트 검프〉 등 끝이 없다. 영웅의 여정 모델은 인간 행동의 위대하고 중요한 측면을 배제한다는 문제점을 안고 있다. 바로 한 사람의 주인공이 나타나 다른 모든 이들을 도와주는 식이 아닌, 많은 이들이 함께 변화를 일구어내는 '공동체적 행동'을 배제한다는 것이다. 리베카 솔닛은 《이것은 누구의 이야기인가》에서 '영웅의 등장은 일종의 재난'이라면서 이렇게 말한다.

우리는 100명이 힘을 합쳐 변화를 만들어내는 이야기를 하는 데 서투르다. 지역을 보존하거나 세상을 바꾸기 위해 필요한 것은 뛰어난 담력이나 육체적 힘이 아니라, 서로 협력하며 영감을 불어넣어 주는 능력, 타자와 연대하는 능력, 장차 어떻게 될 수 있을지, 어떻게 하면 그 목표에 도달할 수 있을지에 대한 이야기를 발견하는 능력이라는 걸 깨닫지 못한다.

솔닛은 영웅 이야기가 영화와 뉴스뿐 아니라 역사서술에

서도 중요한 역할을 하는데, 이때 개인을 영웅으로 치켜세우고 추앙할 뿐 아니라 사회가 퇴보하는 데 주된 역할을 하는 반영웅antihero으로 지목하기도 한다고 설명한다. 하지만 가령 트럼프 한 사람에게만 초점을 맞추다 보면, 미국 보수당의 오랜 역사 및 보수당 내부 정치인들의 공모는 가려지고 만다. 개인을 전면에 내세우면, 다른 사람들은 부차적인 존재이자 수동적인 관찰자로 밀려난다.

정치 시스템에서 이러한 현상은 일상적으로 일어난다. 선거 캠페인에서 여러 정당의 대표주자들이 서로 맞붙고 언론은 그들의 공과만 보도하다 보니, 정작 우리가 투표할 정당의 선거 프로그램과 정책 방향 등을 분석하는 일은 뒷전으로 밀려난다.

영웅 이야기는 이런 식으로 우리의 사회 참여 가능성을 가려 버린다. 긴급한 문제를 해결하는 것이 특정 개인의 임무인 양 이야기하다 보면, 당대의 문제 대부분이 영웅보다는 협력과 협상, 사회 운동, 시위, 시민 사회 내 다양한 활동가들의 광범위한 연합 등을 필요로 한다는 사실을 간과하게 된다.

또 다른 문제도 있다. 개인에게만 초점을 맞출 경우, 우리는 사회, 정당, 혹은 내각 안에서 일어나는 장기적이고 위험한 변화를 알아차리지 못한다. 예를 들어, 우리는 호르스트

제호퍼Horst Seehofer를 비판하면서(물론 그의 정치적인 행보는 비판받아야 마땅하지만), 그가 내무부 수장이 되기 전부터 연방 내무부는 이미 우경화되고 있었음을 쉽게 간과한다. '영웅'과 '반영웅'에만 초점을 두게 되면, 좋은 것이든 나쁜 것이든, 그들 주변에서 일어나는 일에 대한 시야가 가려진다.

기후활동가인 루이자 노이바우어Luisa Neubauer와 알렉산더 레페닌Alexander Repennin은 《기후위기를 끝내는 것에 대하여Vom Ende der Klimakrise》에서 우리의 시야가 가려질 때 어떤 결과가 초래되는지 지적한다.

'우리가 기온 상승에 맞서 싸워야지, 우리가 대기와 북극곰을 구해야지, 어떻게든 환경을 보호해야지'라는 식으로 우리 자신이 기후를 구하는 영웅인 것처럼 생각하는 것은 핵심에서 벗어난 생각이다. 기후 변화와 관련해 진짜 중요한 것은 일부 영웅이 아니라, 바로 전체 인구와 그 사람들이 자신들의 삶의 토대를 어떻게 다루는가 하는 것이다.

영웅 이야기의 만연은 심리학적으로도 파괴적인 영향을 미친다. 조디 잭슨은 "위대해 보이는 영웅들의 업적에 대해 반복해서 듣다 보면, 그런 일들이 우리는 결코 따라 할 수 없는 초인적인 기적이라고 여기기 쉽다"고 지적한다. 반면 우리가 전혀 다른 이야기를 듣게 된다면, 예를 들어 무언가를 해낸 주체가 100명이라는 이야기를 듣게 된다면, 그 일을 해내는 데 단 며칠이 아닌 15년이 걸렸다는 이야기를 듣게 된다면, 우리도 열심히 해볼 만하다는 용기를 갖게 될 것이라고 잭슨은 말한다.

영웅의 여정 모델은 사회적 진보에 관한 이야기에 적합하지 않다. 사회적 진보는 많은 사람들이 많은 단계를 거쳐, 어느 시점에 함께 도달한 결과물이기 때문이다. 개인이 혼자서 이런 변화를 이루어내는 일은 거의 없다. 우리 주변 곳곳에 영웅 이야기만 넘쳐나니 이런 말을 믿기 힘들지도 모르겠다.

늘 곳곳에서 영웅을 찾는 데만 익숙해져 있다면, 우리 사회, 회사, 정당, 협회, 집안에서 어떤 일이 일어날까. 우리는 어떤 기회와 가능성을 놓치게 될까. 영웅의 여정 모델은, 우리 스스로는 상황을 바꿀 수 없을 것 같다는 인상을 준다. 영웅이 호기롭게 일어나 영웅적인 투쟁으로 세상을 뒤집어놓기 전까지, 우리 같은 평범한 사람들은 할 수 있는 일이 없어 보이는 것이다. 우리는 어느 날 우리 스스로 영웅이 되거나, 다른 영웅이 일어나 우리를 불쌍히 여겨주기를 희망하며 기다리는 수밖에 없다.

그리하여 우리는 가족, 친척, 친구, 공동체에서 같은 생각을 품고 함께 연대할 사람들을 찾는 대신, 영웅이 나타나 적과의 갈등과 투쟁 끝에 승리하기를—심지어 적이 완전히 없어지기를—바라게 되었다. 그래야 상황이 더 좋아질 수 있다고 생각하는 것이다.

피가 흐르면 톱기사가 된다

우리는 영웅과 반영웅의 갈등에 아주 익숙해져 있어서, 사회 문제와 관련해서도 서로 다른 관점을 무조건 대립시키려 한다. 심지어는 한쪽 입장이 명백히 거짓이거나 사실무근인데도 그렇게 한다. 전문성에서 현격히 수준 차이가 나는데도, 터무니없는 주장과 전문적 주장에 대해 동일한 가치를 두고 인용하는 일을 '거짓 균형false balance'('기계적 중립bothsidesism'과도 연관되는 용어다-옮긴이)이라고 부른다. 가령 기후위기 회의론자나 코로나 부인론자들의 주장을 신뢰할 만한 과학자들의 의견과 대비시켜 동일한 비중으로 다루는 것도 그런 경우다. 연구에 따르면, 이러한 대립 구도에 익숙해질 경우, 사람들은 각각의 문제에 대한 과학적 합의가 아직 이루어지지 않왔다고 생각하게 된다. 저널리스트 잉그리트 브로드니히Ingrid Brodnig는 《이의Einspruch》에서 이렇게 지적한다. "언론이 누군가에게 의견을 구하고, 매체를 통해 그 의견을 내보내면, 사람들은 그가 해당 주제에 대해 잘 아는 사람이라고 해석한다." 저널리즘 강사 조너선 포스터Jonathan Foster는 이에 대해 정곡을 찌르는 조언을 한다. "한 사람은 비 내리는 습한 날이라고 하고, 다른 한 사람은 맑고 건조한 날이라고 할 때, 당신이 해야 할 일은 두 사람의 말을 모두 인용하는 것이 아니라, 창밖을 내다보며 무엇이 진실인지 알아내는 것이다."

선동적인 견해는 통합, 화합, 합리적인 의견 교환을 표방하는 견해들보다 대부분 더 많이 주목받는다. 사실에 기반한 토론으로 생생한 이야기를 전달할 수 있는(이렇게 하는 것이 훨씬 나은) 주제를 갈등과 충돌을 부각하는 방식으로 보도하는 것은 너무 쉬운 일이다. 2016년 미국 대선 캠페인 기간 동안 CNN, NBC, CBS, MSNBC는 트위터에서 힐러리 클린턴이 한 말보다 트럼프가 한 말을 두 배 더 많이 언급했다. 2019년 영어권에서 이루어진 또 다른 연구는 기후위기 부인론자들이 기후 과학자들보다 미디어에 더 자주 등장했음을 보여준다.

독일에서도 마찬가지다. 기후위기 부인론자, 이슬람 혐오주의자, 비상식적 사고를 하는 사람들을 인터뷰하거나 그들의 견해를 인용해 보도하는 일이 과도하게 이루어지고 있다. 언론학자 게르하르트 포베Gerhard Vowe에 따르면 극우 정당 AfD(독일을 위한 대안, Alternative für Deutschland)는 '여론조사상의 지명도나 신뢰성'에 걸맞지 않게 언론에서 더 많은 주목을 받는다. 극우 정당은 '갈등 요소, 극적 요소, 부정적 요소, 놀라움을 주는 요소, 대중과의 밀착' 등 뉴스거리가 될 만한 요소들을 더 많이 갖고 있기 때문이다. 포베는 AfD가 언론의 주목을 이끌어내는 수법을 최대한 활용한다고 말한다. 이 당의 전략 보고서에 이미 이렇게 적혀 있다는 것이다. "AfD는 (…) 의식적, 의도적으로 계속해서 정치적으로 올바르지 않게 발언하고 행동해야 하며, 신중하게 계획된 선동을 해나가는 데 주저함이 없어야 한다." AfD의 전 공동대표 프라우케 페트리Frauke Petry의 이메일은 극우 정치인들이 자신들의 목적을 위해 언론보도의 생리를 어떻게 활용하는지 보여준다.

과장과 생략이 만연한 미디어 환경에서 사실에 입각한 정제된 발언은 주목받지 못한 채 묻히기 쉽다. (…) 그러므로 언론의 주목을 끌려면, 때로 자극적이고 도발적인 발언을 할 필요가 있다. 그렇게 해야 비로소 언론의 관심을 불러일으킬 수 있으며, 이를 통해 추후 좀 더 자세하게 우리를 보여줄 기회를 잡을 수 있다.

2016년에 도널드 트럼프의 백악관 고문은 이렇게 말했다. "진짜 반대세력은 언론이다. 언론에 대처하는 가장 좋은 방법은 공공 담론 공간에 쓰레기 같은 말이 난무하게 하는 것이다." 이는 뉴스 요소가 초래할 수 있는 부작용들 가운데 가장 위험한 것이 무엇인지를 잘 보여준다. 뉴스 요소를 아는 사람은 자신의 목적을 달성하기 위해 이를 이용할 수 있다는 것이다.

정치와 언론의 관심이 이렇듯 불균등하게 분배되다 보니 공연한 갈등과 증오로 점철된 논쟁이 벌어지기도 한다. 저널리스트들은 도발적인 수사들과 이에 대한 반응을 보도함으로써, 논쟁을 부추기고, 내용을 더 자극적으로 만든다. 정치학자 나타샤 스트로블$^{Natascha\ Strobl}$은 이것이 바로 선동을 만들어 내는 메커니즘이라고 말한다.

한편에는 극우적 세계관을 전파하고자 하는, 계산적이면서 강한 이념적 동기를 가진 정치가들이 있고, 다른 한편에는 이런 선동을 바탕으로 비즈니스 모델을 구축하는 언론이 있다. 그 결과, 공적 담론은 점점 더 진흙탕 싸움으로 변질되고 있다.

이런 역학 관계를 보여주는 예가 있다. 정치지리학자 신투

잔 바라타라자$^{Sinthujan\ Varatharajah}$와 예술가이자 연구자인 모시타리 힐랄$^{Moshtari\ Hilal}$의 2021년 인스타그램 토론으로 촉발된, 여러 문화예술 창작자들의 '나치 배경^{Nazihintergrund}'에 대한 논쟁이다. 바라타라자는 '나치 배경'이라는 용어를 언급하면서 이렇게 설명했다.

'이주 배경이 있는 사람들'이라는 말의 이면을 생각해 봅시다. 우리는 이 말로 사회에 속한 일부 구성원에게 꼬리표를 붙입니다. 물론 꼬리표가 붙은 사람들 역시 평소에 다른 사람들에게 꼬리표를 붙이곤 하죠. 누군가가 어디 출신인가에 대한 관심은 그들이 누구이고, 무엇을 하는 사람들이며, 어떻게 여기에 온 걸까, 하는 관심일 텐데, 일방적일 때가 많아요. 꼬리표를 붙이고 인종적 분석을 하는 것에 대해 한번 입장을 바꾸어 생각해 보자고요. '나치 배경을 가진 사람들'이라는 말의 유래를 생각해 본다면, 이는 단순히 지리적인 문제가 아니라, 역사적·경제적·이념적 문제일 것이고, 이 나라의 역사적 맥락에서 이해해야 하는 문제일 겁니다.

힐랄과 바라타라자의 대화는 객관적이고, 구체적이며, 전혀 공격적이지 않았다. 무슨 보이콧 같은 것을 촉구한 것이 아니었고, 단지 투명성을 요구했을 뿐이다. 철학자 에바 폰 레데커Eva von Redecker는 이를 '온화하고 비판적이며 민주적인 제스처'라고 평가했다. 그러나 문제는, 이 대화가 비판자들에 의해 '모든 수단을 동원해 맞서야 하는 공격'으로 비화되었다는 것이다. 힐랄은 한 인터뷰에서 당시 상황을 이렇게 설명했다. "맨 처음 〈타츠〉, 그다음에는 〈쥐트도이체차이퉁〉〈프랑크푸르터알게마이네차이퉁〉〈벨트〉〈프로이시셰알게마이네차이퉁〉에서 보도되면서 분위기가 격화됐어요. 우리 대화의 원뜻이 훼손되고 왜곡된 상태로 유포되었고, 우리들 자체가 논쟁의 대상이 되었죠."

어떤 저널리스트들은 이렇게 갈등 요소가 많고 자극적인 기사들을 의도적으로 사냥하고 다니고, 어떤 저널리스트들은 그저 반사적이고 습관적으로 이런 기사들을 활용한다. 영국의 한 연구에 따르면, 범죄가 전반적으로 확연히 감소했다는 내용을 담은 기사라 하더라도, 제목은 증가한 특정 범죄를 강조하는 방식으로 뽑는 경향이 있다고 한다. '나쁜 뉴스만이 좋은 뉴스다Only bad news is good news'라는 말은 누구나 알고 있을 것이다. 많은 편집국에는 또 하나의 규칙이 있다. 바로 '피가 흐르면 톱기사가 된다If it bleeds it leads'는 것이다.

한쪽으로 치우친 기사를 쓰는 이유

나 역시 부정적인 기사를 쓰고 싶어지는 경향에 대해 잘 안다. 기자 초년 시절에는 나도 그랬기 때문이다. 2012년, 나는 주간 〈디 차이트$^{Die\ Zeit}$〉지에 독일연방군으로서 해외에 파병되었다가 돌아와 트라우마에 시달리는 사람들에 대한 기사를 실었다. 당시 나는 코소보와 아프가니스탄에 파병된 후 돌아와서, 전쟁터에 대한 기억으로 인해 정상적인 생활이 불가능해진 사람들을 인터뷰했다.

모두 남성이었는데, 그중 두 사람은 내게 '말^{horse} 치료'를 받았다고 털어놨다. 긴장되고 경직될 때 말처럼 코로 씩씩대는 치료법인데 꽤 도움이 되었다고 했다. 그들은 때로 함께 수영장에 가서 물에 들어가 마치 신체적 장애가 있는 사람인 것처럼 몸을 놀리기도 한다고 했다. 그들은 이런 이야기를 할 때 약간 주저하는 듯했지만, 자신들이 이야기함으로써 참전 군인들에게는 삶의 모든 것이 예전처럼 돌아가지 않는다는 걸 알릴 수만 있다면 좋겠다고 말했다.

저녁에 우리는 함께 위스키를 마셨다. 잔이 두세 번 돌자, 참전 군인 중 두 사람이 반위협, 반농담조로 내게 기사를 제대로 쓰지 않으면 혼날 줄 알라고 했다. 정확히 어떻게 말했는지는 기억나지 않지만 요약하자면 이런 식이었다. '우리는 군인이고, 무기를 다룰 줄 아는 데다가, 트라우마가 있다.' 물론 농담 삼아 한 말이라, 그때도, 나중에 기사를 쓸 때도 전혀 위협으로 느끼지는 않았지만, 그럼에도 이 장면은 우리 사회가 트라우마에 시달리는 군인들을 어떻게 대할 것인지와 관련해 중요한 측면을 보여준다.

무기를 들먹이며 농담조로 위협하더라, 정신적인 위기를 몸으로 드러내고자 수영장에서 몸을 기괴하게 움직인다더라, 말처럼 씩씩대는 방식으로 긴장을 푼다더라(그 말을 들은 뒤부터는 나도 긴장하면 그렇게 한다). 친구들이 참전 용사들과의 만남에 대해 물었을 때, 내가 가장 먼저 해준 이야기들은 바로 그런 것들이었다. 지금까지도 당시 그들과 대화를 나누던 순간이 며칠 전의 일인 것처럼 생생하게 기억난다. 그 정도로 인상이 깊었다. 그럼에도 나는 기사에 그런 이야기들을 싣지 않았다. 기사가 다루는 주제의 '심각성'을 흐릴까 봐 겁이 났기 때문이다.

그 기사는 트라우마 자체에 관한 것이 아니었다. 기사는 무엇보다 독일연방군이 참전 군인들을 돌보지 않은 채 방치하고 있음을 보여주어야 했다. 전쟁 경험으로 인해 트라우마가 생겼음을 인정받지 못하고, 해당 증상이 불우한 유년기 탓으로 돌려지는 경우가 많았다. 독일연방군은 보상금 지급을 거부했고, 수년간 법적 다툼이 이어지면서 참전 군인들의 상태는 더 나빠지고 있었다. 국방부는 이 문제를 오래전부터 알고 있었음에도, 트라우마에 시달리는 군인들의 상황을 개선하기 위한 아무런 조치도 하지 않았다. 나는 당시 이렇듯 부정적인 상황을 기술하고자 했다. 그런 까닭에, 참전 군인들을 직접 만나서 들었던 일상 이야기들이 무척 인상적이었음에도 불구하고, 나는 그것들이 주제와 상황의 심각성을 훼손하는 것은 아닐까 두려워 다루지 않은 것이다. 참전 군인들이 웃으며 농담하는 모습을 그리면, 그들의 상태가 정말 나쁜 것인지 의문을 제기하지 않을까 우려했다. 이제 나는 유머가 정보를 전달하는 매우 좋은 수단 중 하나임을 안다. 또한 피해자들이 자신들의 상황을 개선하는 방법을 모색한다고 하여, 그들이 겪고 있는 폐해의 부당성이 퇴색되는 건 아니라는 걸 안다.

내가 당시 기사에 넣지 않은 또 다른 장면이 있다. 해외 파병 중 자신이 어린아이를 쏜 건 아닐까 하는 두려움에 사로잡힌 퇴역 군인과의 대화. 방아쇠를 당긴 직후 언뜻 멀리 아이가 스쳐 지나가는 느낌이 들었는데, 총알이 발사된 후 아이가 온데간데없더라는 것이다. 그는 그 후 수년간 당시 무슨 일이 있었는지 알아내고자 했지만 헛수고였다. 그래서 지금도 자신이 정말 아이를 봤던 건지, 아니면 그 모든 것이 나중에 상상해낸 것일 뿐인지 자문한다고 했다. 그가 내게 그 이야기를 하는 동안 그의 어린 딸이 연신 방에 들어왔다. 그때마다 그는 이야기를 중단하고 순식간에 분위기를 바꾸어 환한 미소를 지으며 사랑 가득한 표정으로 아이와 몇 마디 이야기를 나누었다. 나는 이런 장면도 기사에 넣지 않았다. 그 순간의 그는 공감 능력이 뛰어나고, 책임감이 있으며, 무척 강인한 사람으로 보였다. 당시 나는 그런 모습이 트라우마를 겪는 사람의 이미지에 부합하지 않는다고 생각했다.

이 책을 준비하면서 당시 작성한 기사를 다시 읽어보았다. 물론 내가 쓴 글에 사실과 다른 내용은 없었다. 트라우마를 겪는 군인들의 문제를 정치적인 관점에서 폭넓게 다룬 기사였다. 하지만 그들이 겪는 어려움에만 초점을 맞췄고, 그들이 무엇과 싸우고 있는지만을 이야기했기에, 지금 다시 보니 꽤 한쪽으로 치우친 기사로 느껴졌다.

그는 자꾸만 몸을 제대로 가누지 못하고, 완전히 거동 불능 상태에 빠진다. 맥박이 치솟고, 혈압이 올라간다. 더위를 견디지 못하며, 사람이 많은 곳에도 가지 못한다. 지하철, 영화관, 식당, 수영장, 쇼핑가, 사람이 많은 시내 모두 금지 구역이다. 마트에도 꼭 필요하지 않으면 가지 않는다. "10분만 지나도 방전이 돼요. 마치 배터리가 다 돼서 꺼져버리는 휴대전화처럼 말이에요."

우리는 느리고 점진적인 진보에 주목하지 않는다

이해해야 할 또 하나의 역학 관계가 있다. 뉴스는 보통 특정 기간 안에 일어나는 사건들을 다룬다. 대부분 하루 안에 일어나는 일들이다. 하지만 사회적 진보라 불리는 일들은 대부분 긴 시간을 거쳐 느리게 일어난다. 거의 눈에 띄지 않는 변화를 동반하며, 명백히 마무리되었다 싶은 지점에 도달하는 경우가 드물다. 뉴스와 우리 삶이 전개되는 방식은 비슷하다. 무언가 나쁜 일이 일어나면, 우리는 그것을 곧장 알아차린다. 반면 무언가 개선되는 과정은 점진적이고 눈에 띄지 않는다. 집을 허무는 것보다 짓는 데 오랜 시간이 걸리고, 전쟁을 시작하는 것보다 끝내는 데 오랜 시간이 걸린다.

한스 로슬링Hans Rosling은 《팩트풀니스Factfulness》에서 이렇게 쓴다. "느리고 점진적인 개선에 대한 보도는 그것이 아무리 광범위하게 영향을 끼친다 해도, 수백만 명에게 영향을 미치는 사안이라 해도, 1면에 실리는 경우가 거의 없다." 긍정적인 변화는 부정적인 것에 비해 한순간에 포착되는 경우가 드물다. 우리는 긍정적인 변화를 통계와 장기 관찰, 역사적 추세에서 발견한다. 그래서 긍정적인 변화는 개별적이고 극적인 사건만큼 감정을 동반하지도, 흥미롭지도, 감동적이지도 않다. 특히 뉴스미디어가 이미지를 활용해 내용을 전달하는 비중이 높을수록 더욱 그렇다.

한 연구에 따르면, 어떤 사실이 사진과 함께 제시될 때, 사람들은 그 사실을 더 신뢰할 만하다고 여기는 것으로 나타났다. 따라서 우리가 매주 잔인한 폭력행위를 보도하는 뉴스를 보고 지낸다면, 범죄율이 감소하고 있다는 통계를 1년에 고작 한 번 정도 읽어봤자, 정말로 범죄가 줄어든다고 확신하지 못할 것이다. 통계가 정확히 범죄가 감소하고 있음을 보여준다 해도 말이다. 옥스퍼드 대학교의 한 학자는 트위터에 다음 문장을 헤드라인으로 삼으면 어떻겠느냐고 제안했다. "극빈층 인구가 어제 이후 13만 7000명 감소했으며, 지난 25년간 매일 같은 수치로 감소해 왔다." 〈뉴욕타임스〉와 〈이코노미스트〉를 비롯한 여러 언론이 이 트윗을 긴 기사에 끼워 넣어 인용했다. 물론 이 트윗을 헤드라인으로 실은 언론은 없었다.

인간의 운명을 보여주는 사진들은 연구나 수치보다 기억에 더 쏙 들어온다. 그래서 아무리 이성적으로 생각하려 해도, 결국은 상황이 좋은 쪽으로 전개되고 있다는 것이 머릿속에 잘 입력되지 않는다. 감정적으로 격앙된 수십 가지 뉴스들 사이에 객관적이고 면밀한 뉴스가 단 하나 있는 상황에서는 설령 사회가 진보하고 있다고 해도 그 사실이 우리에게 와닿지 않을 수 있다. 연구에 따르면, 지역 뉴스를 챙겨 보는 사람들은 그렇지 않은 사람들보다 자기 도시를 더 위험하게 여기는 것으로 나타났다.

실제로는 범죄율이 감소했는데도 오히려 증가했다고 믿는다면, 이는 우리에게 어떤 영향을 미칠까. 우리는 누구에게 투표할까. 우리는 어떤 법과 안전 조치가 필요하다고 여길까. 우리의 행동반경은 어떻게 변화할까. 우리 아이들의 동선은 어떻게 될까.

모든 이야기는 세상에 대한 우리의 시각을 변화시킨다. 이런 변화는 대부분 무의식적으로 일어난다. 개별적인 이야기 하나하나가 우리가 삶을 어떻게 살아갈지를 결정하지는 않는다 해도, 시간이 지나면서 그것들이 모여 신념을 형성한다. 신념은 우리가 세계를 바라보는 시각을 결정한다. 우리의 의사결정에도, 행동에도 영향을 미친다. 신념은 긍정적일 수도, 부정적일 수도 있다. '세상은 불공평하다'는 것도 신념이며, '모든 사람은 결국 자기 자신만 생각한다'거나 '자신이 정말로 원하는 것이라면 이룰 수 있다'는 것도 신념이다. 신념은 종종 자기충족적 예언이 된다. 우리가 어떤 생각을 믿으면, 일상에서 그 믿음에 부합하는 사실을 확인하게 되고, 이에 따라 그 믿음이 세계와 정확히 맞아떨어진다고 확신하게 된다. 하지만 신념은 변화될 수 있다. 우리가 서로 나누는 이야기를 변화시킬 수 있다면, 신념도 변화시킬 수 있다.

뉴스는 오류 보고서인가

뉴스 요소, 영웅 서사, 장기적인 전개보다 단기적인 사건에 중점을 두는 일 등에 너무 얽매이면, 우리의 이야기는 실제 현실에 부합하지 않게 된다. 그것이 세심하게 조사된 사실에 근거하고 있으며, 분명 거짓 정보를 담고 있는 것이 아니라 하더라도 말이다.

이 모든 일이 어떤 거대한 음모에서 비롯되는 것은 아니며, 크고 작은 언론사에서 작정하고 그런 일을 벌이는 것도 아니다. 시민들과 유권자들을 속이려고 정치인들과 언론인들이 몰래 '짜고 치는 고스톱'도 아니다. 그저 사람들의 관심을 끌게끔 이야기를 전달하려다 보니 생겨나는 현상일 따름이다.

가능한 한 많은 사람들이 기사를 읽고, 듣고, 보게 하려는 것이다. 그렇다면 앞으로는 이야기를 더 지루하게 전달하는 것이 좋을까? 물론 그러자는 것은 아니다. 이에 대해서는 나중에 더 살펴보기로 하자.

뉴스와 뉴스가 만들어지는 메커니즘의 탐색을 통해 '미디어'를 손가락질하며, 모든 게 '당신들 책임'이라고, '당신들이 모든 걸 망쳐 버렸다'고 주장하려는 것은 아니다. 잘잘못을 따지는 것은 중요하지 않다. 한편에는 기존 메커니즘을 인식하고 스스로 보도 방식을 바꾸고자 애쓰는 언론인들이 있으며, 토론 문화와 선거 운동에서 새로운 지평을 열어 나가고자 하는 정치인들도 있다. 앞에서 이미 말했듯, 우리는 모두 이야기를 전달하며, 그때 우리는 모두 일방적인 패턴을 활용하는 경우가 많다는 것을 자각하는 것이 중요하다.

또한 나는 이 책을 통해 뉴스란 중요하지도 건강하지도 않은 것이므로 멀리하는 편이 좋다고 설득하려는 것이 아니다. 반대로, 자신에게 미치는 부정적인 영향 때문에 뉴스를 보거나 읽는 걸 중단한 사람이라면, 앞으로 어떻게 해야 뉴스를 긍정적으로 소비할 수 있을지, 그 방법을 찾는 데 이 책이 도움이 될 수 있을 것이다. 또한 평소에 뉴스 소비를 많이 하는 사람이라면, 이 책을 읽은 뒤에도 계속 그렇게 할 수 있을 것이다.

 오로지 부정적인 이야기만 하는 뉴스는 소비하지 말자는 것이 정치 관련 뉴스는 보지도 듣지도 말자는 의미는 아니다. 우리가 어떤 이야기를 접한 뒤 어떤 기분이 되느냐는 이야기의 주제보다 이야기의 방식에 달려 있기 때문이다. 그러므로 무엇이 뉴스이고, 무엇이 뉴스가 아닌지를 이해하는 것이 중요하다. 우리의 세상, 대륙, 국가, 이웃, 그리고 그 안에서 이루어지는 단 하루를 정확하게 기술하는 것이 뉴스인 것은 아니다.

 우리는 뉴스를 일종의 오류 보고서로 이해하는 듯하다. 뉴스는―몇몇 예외만 제외한다면―그날 하루 동안 뭐가 잘못되었는지를 보여준다. 게다가 이런 보고서는 최근 몇십 년 동안 점점 더 '개선'되어 더 상세하게 중단 없이 양산되고 있다. 오늘날 몇십 년 전보다 불의하고 부당한 일들이 더 많이 보도된다는 것은 사회의 진보로 인식될 수도 있지만, 우리의 뇌에서는 이를 퇴보로 인식할 수도 있다. 세상이 점점 더 나빠지고 있고, 우리는 두 눈으로 그것을 목도하고 있다고 느낄 수 있는 것이다.

 버스를 놓치고, 교통 체증에 걸려 거북이걸음을 하고, 손가락을 데는 등 하루 종일 뜻대로 되지 않거나 잘못된 일들을 모조리 기록한다고 상상해 보자. 자신의 삶에서 겪은 일들과 다른 사람들에게서 들은 이야기 중에서 빗나가고, 실수하고, 잘못된 모든 일들을 적는다고 상상해 보자. 그리고 잠들기 전에 이 오류 보고서를 다시 한번 읽는다고 상상해 보자. 우리는 그것이 자신의 24시간을 적확하게 기술해 주고 있다는 인상을 받을까?

물론 오류 보고서를 쓰고, 이를 다시 읽어보는 것도 중요한 일일 것이다. 하지만 상황을 좀 더 넓게 살펴보고자 한다면, 그저 무엇이 잘못되었는지를 지적하는 것만으로는 부족할 것이다. 제대로 이루어진 일들도 살펴야 하고, 잘못된 일들이 더 많아지는 걸 막기 위해 무엇을 할 수 있는지도 살펴야 할 것이다. 또한 잘못된 일들을 성공적으로 줄여 나가는 사람들이 무엇을 하고 있는 지도 살펴야 할 것이다

그르친 일들과 잘못된 일들에만 주목한다면 어떻게 무언가를 해보겠다는 의욕을 내고, 어떻게 스스로 긍정적인 동기부여를 할 수 있겠는가. 그렇게 하면 기분이 좋아지는가. 그렇게 하면 무언가를 배울 수 있는가.

'다른' 이야기를 위한 실험 2

―――――
오늘 당신이 소비한 이야기와 뉴스를 통해 어떤 신념이 생겨났거나
강화됐는가. 그런 신념 중 당신 삶에 지장을 주는 것은 무엇이고, 도움이
되는 것은 무엇인가.
당신이 어떤 이유로 어떤 신념을 갖게 되었는지를 속속들이 살필수록,
당신은 더 나은 의사결정을 할 수 있을 것이다.

―――――
뉴스를 보거나 듣거나 읽기 전에 지금 소비하게 될 뉴스가 일종의
오류 보고서임을 의식하라. 뉴스를 그런 것으로 인식할 때,
그것이 뉴스를 소비하는 당신에게 어떤 영향을 미치는지 관찰해 보라.
뉴스를 소비하는 태도가 평소와 달라졌는가.
평소보다 무력감이 더 느껴지거나 덜 느껴졌는가. 무엇이 달라졌는가.

―――――
주변의 영웅 서사에 주목해 보라. 빛나는 영웅과 그의 적이
없었다면 이야기는 어떻게 전개되었을까.
하루 동안 당신이 하는 이야기에서 '적'을 상정하는 일을 그만두어 보라.
누가 무언가를 잘못했는지를 이야기하지 말고, 어떤 점들이
개선되어야 할지를 이야기해 보라. 그렇게 이야기 방식을 바꿀때,
당신의 이야기가 어떻게 변하는지 주목해 보라.
당신이 스스로에게 하는 이야기들에 대해서도 생각해 보라.

03
우리는 얼마나 나쁜 이야기에 굶주려 있는가

다른 세상은
실현 가능할 뿐 아니라,
이미
오고 있는 중이다.
고요한 날이면,
그 세상의 숨소리가
들린다.

_ 아룬다티 로이

무력감을 가르치는 이야기 전달 방식

아이에게 신발 끈 묶는 법을 가르치려 한다고 해보자. 그런데 아이에게 어떻게 하면 신발 끈을 묶을 수 있는지 가르치는 대신, 어떻게 하면 신발 끈이 묶이지 않는지 알려준다고 상상해 보자. 어떻게 하면 매듭을 지을 수 없는지, 어떻게 하면 리본 모양으로 묶을 수 없는지 말이다. 당신은 좋은 교사가 되고 싶고, 아이로 하여금 신발 끈을 스스로 묶게 만드는 것이 정말 중요한 일이기 때문에, 당신은 한 시간을 들여 어떻게 하면 신발 끈을 묶는 데 실패할 수 있는지 온갖 방법들을 설명해 준다. 일단 묶었다 하더라도 이내 끈이 풀리는 방식들도 가르쳐 준다. 매듭이 견고하지 않을 수 있고, 리본이 너무 헐거워서 쉽게 풀리는 바람에, 신발 끈에 걸려 넘어져 다리가 부러질 수 있다고, 병원에 실려 갈 수 있다고도 설명해 준다. 그러므로 언제나 신발 끈을 제대로 묶는 것이 중요하다는 것을 강조하면서도, 신발 끈을 어떻게 묶는지에 대해서는 알려주지 않는다. 신발 끈이 어떻게 하면 묶이지 않는지 온갖 방법을 다 알려주었으니, 제대로 묶는 방법은 이제 스스로 알아내야 한다.

하지만 아이는 이를 통해 다른 것을 배운다. 우선, 신발 끈을 묶는 것은 거의 불가능한 일임을 배운다. 무언가 잘못될 위험이 곳곳에 도사리고 있으며, 신발 끈을 리본 매듭으로 묶는 올바른 방법을 찾는 것은 천재에게나 가능한 일이라는 것을 배운다. 아이는 굉장한 부담과 무력감을 느낀다. 신발 끈을 묶는 게 거의 불가능한 일이어서가 아니라, 신발 끈 묶기에 관한 사실이 그에게 특정 방향과 방식으로 제시되었기 때문이다. 아이는 이런 상황에서 '신발 끈 묶기' 대신 '무력감'을 배운다.

아마도 당신은 이 사고 실험이 터무니없다고 여길지도 모른다. 아이에게 무언가를 가르치려 할 때 이런 방식을 취하는 사람은 아무도 없을 테니까 말이다. 그리고 이를 말도 안 되는 예라고 생각한다면, 그건 좋은 일이다. 그러나 뉴스, 르포, 영화, 책, 그리고 우리가 서로 들려주는 이야기들을 떠올려보라. 상당수가 부정적인 것에, 무엇이 잘못되고 있는가에 초점이 맞추어져 있다. 주변 세상에서 무엇이 잘못되고 있는지에 대한 보고서를 매일 마주하면서, 해결책이나 대안 같은 것은 접하지 못한다면, 우리는 어느 순간부터 스스로를 무력한 존재로 느끼게 된다. 상황을 바꾸는 건 불가능한 일이며, 끔찍한 상황이 더는 끔찍해지지 않도록 변화시키는 것도 불가능하다고 믿게 되는 것이다.

긍정적인 모델도, 변화를 위한 어떤 행동 지침도 없다면, 우리 개인도, 사회도 더 나은 방향으로 발전해 나가는 법을 배울 수 없을 것이다. 역사 수업에서 우리는 평화와 화해를 이루는 방법, 정치적 저항으로 전제 정권을 무너뜨리는 방법을 배우기보다, 전쟁이 어떻게 시작되고 진행되는지를 더 많이 배운다. 우리는 미디어에서 심리 질환과 그것이 미치는 영향에 대해 듣지만, 그런 질환에 어떻게 대처해야 하는지는 별로 듣지 못한다. 그런 문제에 봉착한 스스로를 어떻게 도울 수 있는지, 혹은 세상이 무너져 버린 듯 느끼는 타인들을 어떻게 도울 수 있는지에 대해 말이다. 우리는 기후 변화로 인해 어떤 결과가 빚어지고 있는지를 보여주는 뉴스를 접하며, 정치인들이 기후 위기를 완화하거나 막기 위해 별다른 노력을 기울이지 않는다는 소식을 듣는다. 하지만 다른 나라 정치인들이 기후 변화를 늦추기 위해 어떤 노력을 기울이는지, 어떤 법안과 정책을 발효시키는지, 그중 우리 정부에서도 적용하면 좋을 것들이 있는지에 대해서는 별로 보도되지 않는다. 또한 그런 조치를 통해 과거에 어떤 진전을 이루었는지, 그런 진전을 낳은 시도가 처음에는 얼마나 실현 불가능해 보이고 어려운 일들이었는지, 그럼에도 그 난관을 이겨내고 어떤 성과를 이루어냈는지에 대해서는 거의 이야기하지 않는다.

실수로부터 배운다는 말이 있지만, 실수로부터만 배우고 다른 것을 통해서는 아무것도 배우지 않는다면, 그것은 새로운 지식을 습득하고 새로운 행동을 훈련하는 가장 느리고, 힘들고, 비효율적인 방식이 될 것이다.

이렇듯 부정적인 순환에서 어떻게 벗어날 수 있을까. 새로운 이야기를 시작하고, 새로운 토론을 시작하면 된다. 이 일을 하기 위해 꼭 저널리스트나, 작가나, 저자가 될 필요는 없다. 우리는 매일 이야기를 전파한다. 우리에게는 각자의 청중이 있다. 우리 말을 귀담아듣는 사람들이 있고, 우리 이야기에 영향을 받는 사람들이 있다. 우리는 그들이 느끼는 방식, 자기 자신과 주변 세계를 인식하는 방식에 영향을 미칠 수 있다. 또한 그들이 스트레스에 반응하는 방식, 삶에서 겪는 좌절과 위기에 대처하는 방식에도 영향을 미칠 수 있다. 긍정적인 영향을 줄지 부정적인 영향을 줄지, 불안을 줄지 용기를 줄지, 길을 막아설지 앞으로 나아가게 할지 등이 모두 우리 각자의 손에 달려 있다. 한 걸음 더 나아가, 그것은 우리의 책임이기도 하다.

감정의 결여는 모든 감정 중 가장 위험한 감정

어떻게 하면 안 되는지를 알려줌으로써 지식을 전수하는 것은 거의 모든 삶의 영역에서 터무니없는 일처럼 보인다. 음식, 언어, 자동차 운전, 물구나무서기, 무술, 뜨개질, 목공 등을 비롯한 그 어떤 분야에서도 어떻게 하면 안 되는지가 아니라, 어떻게 하면 되는지를 가르치지 않는가. 하지만 정치와 사회, 세상을 바라보는 관점에 관한 한, 우리는 과오, 오류, 실수 등에만 초점을 맞추며, 그런 것들만 보고 듣고 배운다. 그리고 그 결과는 치명적이다.

주로 부정적인 뉴스만 소비하다 보면, 우리는 잘못된 상태를 일시적이고 변화할 수 있는 것이 아니라 바꿀 수 없는 것으로 여기게 된다. 그리하여 어느 순간 학습된 무기력에 빠지고, 아무것도 바꿀 수 없다고 느낀다. 실제 현실이 그렇기 때문이 아니라, 그렇게 배웠기 때문이다. 자신이나 타인의 상황을 개선할 수 있는 상황에서도 우리는 그렇게 할 수 없다고 여긴다. 그리하여 변화를 도모하는 대신 수동적인 자세를 취하게 된다.

그러다 보면 우리는 미디어에 거리를 두게 되고, 더 나아가 사회 문제도 외면하게 된다. 상황이 부정적으로 보여질수록, 사회에 참여하여 부정적인 상황을 바꿔야겠다고 마음먹는 것이 아니라 점점 더 냉담해지게 된다. 어차피 모든 것이 나빠지고 있는데, 굳이 변화를 위해 싸워야 할 필요가 있을까 하는 생각이 드는 것이다.

'학습된 무기력learned helplessness'이라는 개념은 심리학에서 유래했다. 50여 년 전, 마틴 셀리그만Martin Seligman은 우울증의 원인을 연구하면서, 특정 공간에서 위험한 상황을 경험한 강아지들은 위험이 더 이상 존재하지 않는데도 그 공간에 발을 들여놓으려 하지 않는다는 것을 발견했다. 강아지들은 위험에 무방비 상태로 노출되었던 경험으로 인해, 위험이 사라지고 없는데도 여전히 무력감을 느낀 것이다. 오늘날, 인간들도 비슷한 상황에 놓여 있다. 세상은 나쁘고, 우리가 이를 변화시키기 위해 할 수 있는 일은 아무것도 없다는 식의 정보를 계속 접하다 보면, 실제로 그렇다고 믿게 된다.

무기력은 전염된다. 스스로 상황을 바꾸지 못한다는 무력감을 느끼는 사람은 주변 사람들도 상황에 무기력하게 노출되어 있다고 생각하도록 만든다. 조디 잭슨은 무력감을 바이러스에 비유한다. "다른 사람들이 통제력을 잃는 모습을 보기만 해도 감염될 수 있는 바이러스"라는 것이다.

사회를 변화시키는 데 아무런 영향을 미칠 수 없다고 느끼게 되면, 정치에 염증을 느끼고, 미디어가 무슨 말을 해도 곧이듣지 않고, 자신이 바라는 미래를 그리는 일을 그만두어 버린다. 심리학자 미셸 길런Michelle Gielan은 "오늘날 우리 세계가 직면한 문제들을 유발하는 주요 원인 중 하나는 변화가 불가능하다는 믿음"이라고 지적하며, 이렇게 덧붙인다. "물론 우리가 통제할 수 없는 수백만 가지 일들이 있기는 하다. 그러나 '모든' 일이 우리의 통제를 벗어나 있다고 생각할 때 문제가 시작된다."

웬디 존스턴Wendy Johnston과 그레이엄 데이비Graham Davey가 14분짜리 TV 클립 실험을 통해 보여준 것처럼, 14분이라는 짧은 시간 동안 미디어를 소비하는 것만으로도 세상에 대한 시각이 근본적으로 바뀔 수 있다. 이 실험에서, 부정적인 뉴스를 본 참가자들은 세계 정세에 대한 불안이 높아졌을 뿐만 아니라, 자신의 삶에 대한 불안과 걱정도 확연히 증가한 것으로 나타났다.

미래에 아무런 영향력을 행사할 수 없이 나쁜 상황에 무력하게 내맡겨져 있고, 아무것도 바꿀 수 없다고 믿게 되면 우리는 불안해질 수밖에 없다. 뉴스에서 접한 '저 바깥' 세상에 대한 두려움이 생겨날 뿐 아니라, '이 안'의 세상에 대한 두려움도 생겨난다. 두려움은 우리의 가족과 친구들, 일터, 지역 공동체로 전이된다.

게다가 우리는 불안해지면, 두려움을 더 불러일으키는 정보를 수집하는 경향이 있다. 몸이 안 좋을 때, 구글 검색을 하며 이런 경험을 해보았을 것이다. 우리는 가벼운 감기나 바이러스성 위장염을 겪으면서도, 혹시 암은 아닐까, 심근경색 전조 증상은 아닐까, 다른 치명적인 질병에 걸린 건 아닐까 의심한다. 나도 카불에서 그런 순간들을 너무나 뼈저리게 경험했다. 테러가 벌어진 뒤, 관련 뉴스들을 계속해서 읽다 보니, 어느 순간 온 도시가 테러에 휩싸여 있는 것 같은 생각이 들었다. 그 시절 내게 도움을 준 방법은 딱 하나였다. 휴대전화와 컴퓨터를 끄고 밖으로 나가, 신선한 공기를 마시며 진짜 세상을 바라봄으로써, 실제 주변 상황보다 내 머릿속에서 그려내는 상황이 훨씬 더 안 좋다는 걸 깨닫는 것이었다. 팬데믹과 함께 살아가게 된 이후, 우리는 모두 '불안-뉴스-더 큰 불안-더 많은 뉴스-더 많은 불안'이 꼬리에 꼬리를 무는 현상을 경험했다.

엘리프 샤팍은 '전염성 불안의 시대'를 이야기하면서, "세계의 상황과 그 안에서 우리의 위치에 대한 불안이 점점 더 커지고 있다"고 말한다. 그는 '불안'과 '걱정'을 구분한다. '걱정'은 구체적인 위험, 구체적인 상대, 구체적인 사건과 관련된 감정이다. 반면 '불안'은 더 미묘하고, 점점 퍼져 나가는 것이며, 뭐라고 구체적으로 말하기 힘든 것이다. 샤팍은 그것이 우리가 세상에 존재한다는 것 자체를 근본적으로 두려워하는 것과 같은 일이라고 지적한다. 마치 부지불식간에 길을 잃은 것처럼 말이다. 샤팍은 학습된 무력감, 불안감, 피로감에서 또 다른 감정이 생겨나는데, 그것은 바로 '무관심'이라고 말한다. 그리고 이런 감정이 초래하는 위험성을 강조한다.

꼭 더 많은 사람들이 부도덕해지거나 악해져야만 야만적인 폭력이 만연하는 것은 아니다. 충분히 많은 사람들이 무감각해

지기만 그런 일이 발생할 수 있다. 무관심하고, 고립되고, 파편화된 채 자기 삶에만 너무 골몰한 나머지 다른 사람들이야 어떻게 되든 알 바 아니라는 상태가 될 때, 다른 사람들의 고통에는 관심도 없고 전혀 관여하지 않는 상태가 될 때가 위험한 순간이다. 감정의 결여는 모든 감정 중 가장 위험한 감정이다.

우리는 얼마나 나쁜 이야기에 굶주려 있는가

우리가 냉담하고 무관심해질수록 민주주의 시스템은 제대로 돌아가지 않는다. 많이 이들이 적극적으로 참여해 봐야 아무 소용이 없다며 뒤로 물러난 채 다른 사람들에게 무대를 맡긴다. 이것은 어떤 의미일까. 사회를 변화시키고자 한다면, 이 사회에서 우리가 하는 이야기들을 바꾸어야 한다는 뜻이다. 이 사회에 대해 하는 이야기도, 우리 스스로에게 하는 이야기도 바꾸어야 한다.

엘리프 샤팍의 책 《분열의 시대에 제정신을 유지하는 법 How to stay sane in an age of division》은 2020년 여름에 출간되었다. 그러나 샤팍이 이 책에서 지적한 문제는 새로운 것이 아니다. 1977년의 한 연구에서는 TV 뉴스 보도 중 71.4퍼센트가 무력감을 보여준다고 지적한 바 있다. 그리고 몇 년 전 프란치스코 교황은 뉴스 보도가 부정적으로만 흐르는 경향이 있다고 비판했고, 2020년에는 이렇게 개탄했다. "우리는 우리가 얼마나 나쁜 이야기에 굶주려 있는지, 얼마나 많은 폭력과 거짓을 소비하는지 더 이상 깨닫지도 못하는 상태가 되었다." 달라이 라마는 미디어가 지나치게 죽음과 폭력에 몰두하며 선정적인 이야기를 내보내는 것이 우리를 얼마나 절망케 할 수 있는지 경고했다. 뉴스가 자신에게 파괴적으로 작용할 수 있음을 깨닫는 소비자들도 많아지고 있다. 2017년, 옥스퍼드 대학의 학자들은 사람들이 뉴스 소비를 중단하는 이유를 연구했는데, 응답자의 48퍼센트가 "내 기분에 부정적인 영향을 끼친다"는 것을 이유로 꼽았고, 28퍼센트는 뉴스를 보면 "뭔가를 변화시킬 수 있다는 기분이 들지 않는다"고 답했다.

디지털 공간의 시청자를 대상으로 한 BBC 설문조사 결과, 35세 미만의 64퍼센트가 해결지향적인 뉴스를 원하는 것으로 나타났다. 2011년 덴마크의 설문조사도 이와 같은 경향을 보여주는데, TV 시청자의 75퍼센트가 정치인들의 논쟁을 보는 것이 피곤하다고 답했으며, 50퍼센트는 뉴스가 갈등에 과하게 초점을 맞춘다고 말했다. 83퍼센트는 자기 나라와 전 세계의 시급한 과제들에 대해 해결책을 제시하는 이야기를 더 많이 보고 싶다고 말했다. 바이에른방송Bayerischen Rundfunk 의 한 연구에서는 응답자의 76퍼센트가 미디어가 문제에 대해서만 너무 많이 보도하고, 해결책에 대해서는 너무 적게 말한다고 답한 것으로 나타났다.

펜실베이니아 대학의 한 연구에서는 언론 보도만을 이용해 사람들의 기분을 중립적인 상태에서 부정적인 상태로 변화시키는 데 단 몇 분밖에 걸리지 않는다는 것을 보여주었다. 코넬 대학 학자들이 실행한 또 다른 연구에서는 페이스북 게시물을 통제하는 실험을 했는데, 실험 결과 타임라인에서 긍정적인 메시지를 많이 보는 사람은 자신도 긍정적인 메시지를 포스팅하는 것으로 나타났다. 이와 반대로, 타임라인에 부정적인 게시물이 많이 있는 사람은 자신도 부정적인 게시물을 포스팅했다. 이는 68만 9000명 이상의 데이터를 분석한 결과다.

잠시 시간을 내어 이것이 무슨 의미인지 생각해 보자. 우리가 SNS에 건설적인 내용을 공유하는 것만으로도 다른 사람들 역시 건설적인 내용을 올리도록 고무할 수 있다는 것이다. 심지어 우리가 직접적으로 알지 못하는 사람들도 건설적인 내용을 공유하도록 고무할 수 있다. 물론 그 반대도 마찬가지다. 우리가 부정적인 내용을 공유하는 건 주변 사람들도 부정적인 내용을 공유하도록 부추기는 행동인 셈이다. 우리가 SNS에 다는 댓글도 마찬가지다. 사회연구소Institute for Social Research의 연구 결과, 사람들은 부정적인 뉴스를 소비한 뒤에 부정적인 댓글을 다는 경향이 있고, 긍정적인 뉴스를 소비한 뒤에 긍정적인 댓글을 다는 경향이 있는 것으로 나타났다.

이 책을 작업하기 전에 한 친구가 자신이 경험한 이야기를 들려주었다. 그 친구는 여러 주 동안 자신의 오토바이를 세워둔 차고 근처를 지나다녔는데, 차고 옆 뜰을 지나칠 때마다 잘 가꾸어진 정원을 보며 즐거워했다. 세심하게 관리된 정원에는 꽃들이 예쁘게 피어 있었고, 나무들은 가지치기가 잘되어 있었다. 어느 날 그는 정원을 관리하는 회사의 차량을 보고는, 차량에 소개된 이메일로 감사 인사를 전해야겠다고 결심했다. "보통 우리는 뭔가 잘못되었을 때만 피드백을 주곤 하는데, 꼭 그럴 필요는 없지 않나 하는 생각이 드는 거야." 그래서 그는 아름다운 정원을 볼 때마다 기분이 너무 좋다며 감사 인사를 적어서 이메일을 발송하고는 그 뒤로 그냥 잊고 지냈다. 그런데 몇 주 뒤, 그가 다시 오토바이를 세워둔 차고로 가는 길에 정원사가 말을 걸어왔다. 정원사는 그가 혹시 회사에 이메일을 보낸 사람이냐고 물으며 회사 대표가 그 이메일을 자신에게 전달해주었다고 했다. 그리고 그 메시지를 자신의 인사파일에 철해두어, 이제 그것이 자신의 업무 능력을 증명해 주는 자료가 되고 있다고 했다.

다음에 이메일을 쓰거나 SNS에 포스팅할 때, 긍정적인 말들이 얼마나 멀리 여행할 수 있는지 생각해 보라. 그런 말들은 우리가 아직 한 번도 만난 적 없는 사람들에게 영향을 미칠 수 있고, 그들의 삶을 구체적으로, 나아가 장기적으로 더 좋은 쪽으로 변화시킬 수 있다.

긍정적이든, 부정적이든, 감정은 전염된다

긍정적이든, 부정적이든, 감정은 전염된다. 우리가 느끼는 감정은 자신과 세상을 바라보는 자신의 시각에 영향을 미칠 뿐 아니라, 주변 사람들의 세계관에도 두루 영향을 끼친다. 미셸 길런은 "우리는 다른 사람들과 공감하도록 훈련되어 있기에 종종 그들의 감정을 흡수한다"라고 말한다. 스트레스와 부정적 감정은 당사자가 말 한마디 입 밖에 내지 않아도 확산될 수 있다. 우리의 뇌는 비언어적 신호와 얼굴 표정을 예민하게 해독할 수 있고, 이것은 우리가 세상을 어떻게 인식하는가에 영향을 미친다. 우리는 사회적 존재로서 집단에 스스로를 맞추는 경향이 있기 때문이다.

다른 사람들이 특정 방식으로 행동한다는 사실만으로도, 우리는 자신을 그들에게 맞추고 싶어 하는 경향이 있다. '집단 압력'으로 인한 것인데, 그 과정은 항상 동일하다. 우리는 무의식적으로 주변 사람들에게 기분을 맞춘다. 다른 사람들이 걱정하는 것을 보면 우리도 걱정하고, 주변 사람들이 스트레스를 받는 걸 보면 우리도 스트레스를 받는다. 그리하여 길런은 이렇게 경고한다. "주변으로부터 오는 부정적인 영향을 의식적으로 깨닫지 못할 경우, 우리는 스펀지가 되어 다른 사람이 뿜어낸 독을 흡수하기 쉽다."

물론 부정적인 시각을 가진 사람들을 곧장 우리 삶에서 몰아내 버릴 필요는 없다. 하지만 어떤 뉴스가 우리에게 유익하고, 어떤 뉴스가 그렇지 않은지 주의를 기울일 수 있듯, 어떤 대화가 우리에게 유익하고, 어떤 대화는 거리를 둘 필요가 있는지 자문할 수는 있다.

조디 잭슨은 뉴스를 소비하거나 대화할 때 이런 선택을 하는 일을 의식적인 음식 섭취에 비유했다. 우리가 무언가를 먹을 때 어떤 것이 몸에 좋고, 어떤 것이 좋지 않은지 생각하는 것처럼, 소비하는 이야기가 정신 건강에 어떤 영향을 미칠지 주의를 기울일 수 있다는 것이다. 잭슨은 그의 책《당신이 읽는 것이 바로 당신이다You are what you read》에서 부정적인 뉴스만 소비하는 것은 정크 푸드를 먹는 것과 다름없다고 이야기한다. 감자튀김, 햄버거, 콜라만 먹는 것이 건강에 좋지 않은 것처럼, 부정적인 뉴스만 소비하는 것은 건강에 좋지 않다고 말이다. 많은 양의 음식을 먹으면서도 영양이 부족해질 수 있는 것처럼, 많은 양의 뉴스와 이야기를 소비하면서도 내실 없는 삶을 살아갈 수 있다. 잭슨은 이렇게 말한다.

정보는 뇌의 음식이라 할 수 있다. 우리가 흡수하는 정보는 감정, 생각, 행동, 행동양식이 된다. 그 결과는 눈에 잘 보이지 않지만, 굉장히 심각하다. 뉴스는 우리가 필연적으로 소비할 수밖에 없는, 가장 영향력 있으면서도 가장 부정적인 정보원이다.

몇 달 동안 오직 감자튀김, 햄버거, 콜라만 먹는다면, 그 결과가 확연히 눈에 띌 것이다. 바지가 맞지 않고, 피부 상태가 변하며, 계단을 올라갈 때 숨이 가빠오기 시작한다. 불면증과 두통에 시달릴 수도 있다. 그런 다음 혈액 검사를 해보면 혈액에 비타민과 영양소가 부족하다는 것을 확인하게 될 수도 있다. 주로 정크 푸드 뉴스만 소비할 때는 결과가 음식만큼 확연히 드러나지 않는다. 간혹 속이 텅 빈 듯 공허함이 밀려오는 날도 있지만, 많은 경우 처음에는 잘 알아차리지 못한다. 기분이 좋지 않다고 느껴도, 이는 분명 뉴스 소비 때문일 거라고 여기지 않는다. 하지만 그렇다고 그 결과가 덜 심각한 것은 아니다. 우리는 부정적인 뉴스가 정신에 어떤 영향을 미치는지 이미 살펴보았다. 무력감, 불안, 공포, 무관심, 냉담함이 초래된다. 아울러 부정적인 뉴스 소비는 신체적으로도 영향을 미친다.

펜실베이니아 대학 연구자들은 특정 지역 트위터 메시지를 토대로 해당 지역에서 심장질환으로 사망할 위험이 얼마나 높은지 알아낼 수 있음을 규명했다. 1347개 지역의 트윗 1억4800만 건을 분석한 결과, 트윗에 긍정적인 용어가 많이 등장한 지역에서는 부정적인 용어 일색인 지역에 비해 심장질환 사망자 수가 더 적은 것으로 드러났다. 부정적인 사회적 관계와 부정적인 감정을 드러내는 언어 패턴이 명백한 위험 요인으로 작용한다는 점을 입증한 것이다. 물론 트윗을 한 사람들이 당장 심장질환으로 죽었다는 것은 아니다. 하지만 심장질환 발병 위험이 높은 지역과 그렇지 않은 지역을 비교했을 때, 트위터에서 주로 쓰이는 언어 패턴에 확연한 차이가 있었다. 이뿐만이 아니다. 트위터를 도구로 한 심장질환 발병 예측은 심지어 흡연, 비만, 당뇨, 고혈압, 소득 수준, 학력 등

열 가지 서로 다른 요인들을 도구로 한 전통적인 예측보다 더 신뢰할 만했다.

그러므로 건강에 신경을 쓰고자 한다면, 양질의 영양을 섭취하는 것뿐 아니라, 양질의 이야기를 소비하는 것에도 주의를 기울여야 할 것이다. 양질의 뉴스, 대화, 나아가 단어 자체를 소비하라.

좋은 소식은 그런 노력이 효과를 발휘한다는 것이다. 일단 익숙해지면 모든 것이 거의 저절로 이루어진다. 무력감을 학습했듯, 우리는 무력감을 물리치는 법도 배울 수 있다. 도저히 해결되지 않을 것 같은 문제들과 끝나지 않을 것 같은 나쁜 상황들이 우리에게 무력한 느낌을 주는 것처럼, 나쁜 상황을 극복해 낸 사람들의 이야기는 우리 안에 얼마나 많은 힘과 변화의 잠재력이 담겨 있는지를 보여준다. 우리는 우리에게 유익한 이야기들을 발견해 나갈 수 있다. 세상을 마냥 두려워하기보다 더 잘 이해해 나가는 데 도움이 되는 이야기들을 말이다.

세상의 모든 것들과 모든 이들을 장밋빛으로 미화시키는 '기분 좋은 영화'가 필요한 것은 아니다. 오늘날 거의 표준화된 부정적 필터 없이 세상을 바라보는 것만으로도 충분하다. 어딘가에서 세상을 조금이라도 더 나아지게 만들려는 사람들에 대한 이야기를 읽으면, 우리 역시 주변을 변화시켜 나감으로써 나쁜 상황을 조금이라도 개선할 수 있으리라는 희망을 갖게 된다.

'솔루션 저널리즘 네트워크Solution Journalism Network'에서 실행한 실험은, 부정적인 뉴스를 읽는 대신 문제와 함께 해결책도 제시하는 이야기를 읽게 되면 무슨 일이 일어나는지를 보여준다. 이 실험에서 주최 측은 755명에게 기사를 읽혔는데, 그중 절반은 해결책과 문제가 함께 담긴 텍스트를 받았고, 다른 절반은 문제만 기술된 텍스트를 받았다. 문제 해결책 포함 여부만 다를 뿐 기사에서 다루는 내용은 동일했다. 미국 학교에서 트라우마의 경험이 초래한 결과, 도시 지역 노숙자들의 실태, 인도 빈민들의 의류 부족 등 하나같이 해피엔드와는 거리가 먼 내용들이었다. 다시 말하지만, 각각의 문제는 완전히 동일하게 기술되어 있었다. 유일한 차이점은 기사에 해결책이 제시되어 있는지 아닌지였다.

실험 참가자들은 기사를 읽은 뒤 자신이 느낀 점을 솔직하게 이야기해야 했는데, 두 집단에서 뚜렷한 차이가 드러났다. 해결책이 제시된 기사를 읽은 참가자들은 실태에 대해 더 잘 알게 되었다고 느꼈을 뿐 아니라 자신도 뭔가를 할 수 있을 것 같다고 느꼈다. 또한 그들은 해당 주제에 대한 관심이 더 커졌다고 말했으며, 관련 기사들을 더 읽어보고 싶다고 했다. 심지어는 같은 필자가 쓴 다른 주제의 글, 같은 신문에 실린 다른 기사들도 읽어보겠다고 했다. 그들은 의욕이나 희망을 느낀다고 했고, 기사에 보도된 문제들이 해결 가능하다고 믿었다. 그리하여 가령 가족이나 친구들과 이 주제에 대해 이야기 나누고 싶다고 했고, SNS에 이 기사를 공유하거나 후원금을 기부하는 등 스스로 문제 해결에 동참하고 싶다고 했다.

뉴스가 이렇듯 희망을 불러일으킨다면 우리 사회에 어떤 반향이 생겨날지 한번 상상해 보라. 절망과 두려움 대신, 긍정적인 마음과 변화에 대한 의지가 우리의 행동을 이끌 것이다. 우리가 알게 된 문제가 얼마나 나쁜가와 상관없이, 우리는 바로 소매를 걷어붙이고 행동을 시작하게 될 것이다.

세계에 대한 새로운 지도를 그려야 할 때

학습된 무력감에서 벗어나기 위해 할 수 있는 일들 중 하나는 지난 몇 년간, 혹은 수십 년간 얼마나 많은 것들이 더 나은 방향으로 바뀌어 왔는지를 인식하는 것이다. 특히 전체 과정이 오래 걸리는 일들은 뉴스에 나오는 경우가 별로 없어서,

우리는 얼마나 많은 문제들이 시간이 지나면서 점차 줄어들거나 심지어 사라져 버렸는지 알아차리지 못한다. 매일 세상에서 일어나는 극적인 사건 하나하나에만 시선을 집중하다 보면, 우리는 쉽게 큰 그림을 놓쳐 버린다. 그러다 보면, 우리는 과거를 망각하거나 미화하면서, 장기적인 관점에서 세상이 더 안전하고 나은 장소가 되어가고 있음을 깨닫지 못하게 된다. 리베카 솔닛은 이러한 태도에 저항하는 것을 어느 정도 자신의 소명으로 삼았다.

과거는 많이 달랐다는 것, 모든 것이 변하고 있다는 것을 상기하는 일은 내게 늘 해방감을 안겨 주었다. 매 순간이 지나간다는 걸 아는 일은 정말 해방감을 선사해 준다. 인간으로서 살아가는 형태는 과거에도 다양했고, 앞으로도 그럴 것이다.

솔닛은 예전에 어땠는지를 세심하게 들여다보고, 이를 오늘날과 비교해 보면 어느 정도 진보가 이루어졌는지를 알 수 있다고 말한다. 한 해에서 그다음 해, 한 주에서 그다음 주, 한 순간에서 그다음 순간으로 이어지는 짧은 기간을 보면 사회적 변화를 감지하기가 어렵다. 솔닛은 이를 휴대전화 내비게이션 프로그램을 보는 것에 비유한다. 내비게이션에서 보여주는 지도는 너무 커서 세부 사항을 볼 수 없게 만들거나, 너무 작아서 조망을 잃어버리게 만든다. 이때 우리는 모든 결정을 대신 내려주는 알고리즘의 지시를 무조건 따를 수밖에 없으며, 그러는 와중에 우리가 지금 대체 어디쯤 있는 건지 알지 못하게 된다.

솔닛은 우리가 지금 어디쯤 있는지를 알지 못하는 상황을 기억상실증에 비유한다. 사람들은 지난 수십 년간 얼마나 놀라운 변화가 일어났는지를 곧잘 잊어버린다는 것이다.

> 당신이 짓는 대성당이 생각과 관점으로 지어진, 보이지 않는 성당이라면, 당신은 자신이 그 대성당에 있다는 사실을 잊을 것이고, 대성당을 지어낸 생각과 관점이 언젠가 인간이 만든 것이라는 사실도 잊을 것이다. (…) 우리가 사는 건물과 우리가 다니는 도로처럼, 생각들도 인간이 만든 것임을 상기하면 (…) 변화가 가능하다는 사실을 상기하는 데 도움이 된다.

변화는 가능하며, 사회적 진보도 가능하다. 이 말을 아무리 강조해도 지나치지 않을 것이다. 의식하든 의식하지 못하든, 우리 대부분은 마음 깊은 곳에서 여전히 이와 반대되는 생각을 품고 있기 때문이다.

솔닛의 내비게이션 비유를 한번 눈앞에 불러와 보자. 우리가 매일 인식하는 현실이 세월이 흐르면서 실제로 일어나는 일들의 일부에 불과하다는 걸 의식해 보자. 그런 다음, 커다랗고 완전한 상, 다시 말해 모든 것을 보여주는 완전한 지도를 눈앞에 불러와 보자. 이때 우리는 어떤 긍정적인 변화와 진보를 목격할 수 있을까. 우리 자신의 삶에서 시작해 보자. 작년, 지난 5년간, 지난 10년간 자신의 삶에서 어떤 점이 나아졌는지 알아챌 수 있을까. 예전보다 소득이 더 높아졌을지도 모르고, 여가시간이 더 많아졌을지도 모르며, 간절히 바라던 자녀를 얻게 되었을지도 모르고, 일에서 더 큰 성취감을 느끼게 되었을지도 모른다. 또한 삶에서 빚어진 갈등을 해결했을 수도 있고, 관계를 회복했을 수도 있으며, 치료를 받기 시작했을 수도 있고, 자신을 더 잘 알게 되었을 수도 있다. 잠시 시간을 내어 스스로에게 같은 질문을 던지고 답해 보자. 그럴 만한 가치가 있을 것이다.

우리의 삶을 더 나아지게 만든 구체적인 순간들을 떠올릴 수도 있다. 긍정적인 결과를 낳았던 논의, 화해, 재회, 승진, 자신감을 가지고 용감하게 던져 버린 사직서, 결혼, 해로운 관계의 청산, 다른 도시나 시골, 혹은 더 큰 집으로의 이사 등등. 직접 번 돈으로 처음 물건을 구매한 경험, 성공적인 수술,

성공적인 치료, 다시 자신감을 가지게 해주었거나 새로운 출발을 할 수 있게 해준 칭찬 한마디도 떠올려 볼 수 있다. 이런 순간들을 충분히 수집하면, 그것들로 새로운 지도를 구성할 수 있다. 새로운 길, 새로운 이정표, 새로운 나침반을 만들 수 있다. 그리고 다음에 다시 막막한 느낌이 들 때, 시야를 넓히기만 하면 무엇이 나아져 왔고, 나아지고 있는지를 명확히 볼 수 있을 것이다. 삶에서 겪는 어려움의 대부분은 일시적인 것이며, 장기적으로 계속되는 것이 아님을 깨달을 수 있을 것이다.

가족, 이웃, 사회, 세계를 위해서도 새로운 지도를 함께 구성해 나갈 수 있다. 이를 위해 가족이나 공동체 구성원에게 질문을 던지고 대화를 나누면 좋을 것이다. 그러다 보면 우리는 서로 나눌 수 있는 좋은 순간들과 긍정적 발전의 이야기가 얼마나 많은지를 깨닫게 될 것이다.

세계적으로, 국가적으로 어떤 것이 더 개선되었는지 즉시 떠오르지 않는다면, 조사를 하고 인터넷 검색을 해봐도 좋을 것이다. 우리는 이를 통해 미처 알지 못했던 정보를 찾아볼 수 있고, 세계에 대한 균형 잡힌 시각을 만들어 주는 정보를 찾아볼 수 있다.

심리적 보호복이 되어주는 낙관론

긍정적인 부분에 초점을 맞추는 사람들을 낙관주의자라 부르고, 부정적인 부분에 초점을 맞추는 사람들을 비관주의자라 부른다.

그런데 낙관주의자들을 좋게 생각하지 않는 사람들이 있다. 그들을 비웃고, 진지하게 여기지 않으며, 마치 그들이 자신만의 세계에 사는 사람들이라도 되는 것처럼 취급하는 사람들 말이다. 그러다 보니 낙관주의자들은 때로 꿈을 좇는 몽상가로 치부되기도 한다. 물론 몽상가라는 것이 전적으로 부정적인 표현은 아니지만, 현실에 기반하지 않고 좀 붕 떠 있는 듯한 뉘앙스를 풍기는 말이다. 낙관적인 태도를 인간적인 유약함으로 여기는 사람도 있다. 삶의 거친 면에 맞설 만큼 강하지 못하다는 식으로 말이다.

그러나 낙관주의는 문제를 인정하지 않는 것이 아니다. 오히려 그 반대다. 낙관주의는 문제 앞에서 작금의 상황이 개선될 수 있다고 믿는 것이며, 우리 스스로가 그 상황에 영향을 미칠 수 있다고 믿는 것이다. 낙관주의자들은 문제를 극복해야 할 장애물로 본다. 반면 비관주의자들은 문제를 길의 끝으로, 막다른 골목으로, 돌아서서 포기해야 할 때가 되었다는 신호로 받아들인다.

시인 메리 올리버Mary Oliver는 비관주의를 아주 멋지게 정의해 냈다. 그는 자신의 책 《업스트림Upstream》에서 에드거 앨런 포Edgar Allen Poe에 대해 이야기하면서, 그가 나쁜 것들뿐 아니라 좋은 것들도 있음을 인식하지 못한다고 지적하며 이렇게 기술한다.

> 비관주의는 (…) 감정적 체계의 결핍과 믿음의 결여에서 비롯된다. 부연하자면, 자기 신뢰가 아니라 (…) 좋은 가능성과 나쁜 가능성을 모두 가진 세상 전체에 대한 믿음의 결여다. 포는 과거와 다를 수 있는 미래에 대한 믿음이 없었다.

비관주의는 미래가 과거보다 더 나을 수 있음을 믿지 않는 것이다.

낙관주의는 아무 생각 없이 양지의 아늑한 벤치에 팔짱을 끼고 앉아, 어차피 모든 것이 잘될 거라는 안이한 믿음으로 아무것도 하지 않는 것을 의미하지 않는다. 낙관주의는 모든 일에 우리의 행동이 중요하며, 우리가 함께 미래를 만들어 나갈 수 있다고 믿는 것이다. 또한 문제에 봉착했을 때 곧장 포기하느냐, 상황을 개선하기 위해 노력하느냐에 따라 커다란 차이가 생긴다고 믿는 것이다.

그렇게 볼 때, 낙관주의는 학습된 무기력의 반대쪽 끝에 위치한다고 할 수 있다. 새로운 세계관으로 나아가는 길에서 낙관주의는 우리의 나침반인 동시에 목표가 되어야 한다. 낙관주의는 세상을 다른 눈으로 볼 수 있게 도와줄 뿐 아니라, 세상을 변화시키는 데도 도움을 줄 수 있다. 미셸 길런은 "낙관적 사고는 성공적이고, 건강하고, 행복한 삶으로 인도하는 매우 신뢰할 만한 표지 중 하나"라고 썼다. 달리 말하자면, 낙관주의는 심리적 보호복과 같은 역할을 한다는 것이다. 이 옷을 입으면 기분이 좋아질 뿐 아니라, 우리의 삶도 더 좋아지며, 나아가 우리 주변 사람들의 삶도 더 좋아진다.

이 보호복을 어떻게 얻을 수 있을까. 그건 놀라우리만치 간단하다. 돈도 들지 않는다. 약간의 시간과 에너지만 들이면 된다. 우리가 부정적인 뉴스를 소비하면서 무력감을 학습하는 것처럼, 부정 일변도가 아닌 이야기를 소비함으로써 낙관주의를 훈련할 수 있다. 문제만 다루지 않고, 가능한 해결책을 언급하는 이야기들은 현재의 상태가 일시적인 것이며, 우리 스스로가 사회 발전에 기여할 수 있음을 상기시킴으로써 세상을 바라보는 우리의 시각을 변화시킨다.

다음에 뉴스를 읽거나, 영상을 보거나, 대화를 나눌 때, '무력한' 느낌이 드는지 '낙관적인' 느낌이 드는지를 기준 삼아 그것이 '정크 푸드' 이야기인지 아닌지를 판단해 보라. 주로 무력감만 느껴진다면, 지금 듣거나 보거나 읽는 이야기가 현실의 극히 일부만을 기술한 것일 확률이 크다. 의도적이든 그렇지 않든, 부정적인 필터가 적용된 이야기일 것이며, 우리에게 해가 되는 이야기일 확률이 높다.

의욕이 생기는 것이 느껴진다면, 부정적인 정보만이 아니라 변화를 위한 해결책이나 해결을 위한 아이디어를 만났기 때문이라고 볼 수 있다. '영양가' 있는 이야기는 우리에게 유용한 정보를 주고, 우리가 행동할 수 있도록 동기를 부여한다. 그 이야기는 우리를 정신적으로 강하게 하고, 장기적으로 신체 건강에도 도움을 준다. 이런 종류의 이야기는 아무리 섭취해도 '지나치지' 않다.

이제 다시 한번 아이에게 신발 끈 묶는 법을 가르쳐야 한다고 상상해 보라. 요리를 배우거나 새로운 언어를 배워야 한다고 상상해 보라. 우리는 어떻게 접근할까.

'다른' 이야기를 위한 실험 3

하루 동안 뉴스를 전혀 보지 말고, 부정적인 이야기도 전혀 하지 말아보라.
혼자 속으로도 그런 이야기를 하지 말라.

주변에서 이루어지는 대화, 들리는 소식, 이야기들이 무력감을 느끼게
하는가. 좀 더 낙관적으로 생각하기 위한 첫걸음은 무엇일까.
다른 사람들에게 자신의 계획을 이야기하라. 조언과 도움을 요청하라.

어떤 이야기, 영상, 대화가 당신에게 의욕을 북돋아 주고 희망을
불어넣어 주는지 기록하라.
일주일이나 열흘 이상, 꽤 오랜 시간에 걸쳐 기록하라.
기록을 통해 생겨난 목록은, 당신이 삶에서 더 해결 지향적인 이야기로
나아가는 첫 '로드맵'이 되어줄 것이다.

긍정적인 일들의 지도를 다시 한 번 상기해 보라. 진짜 긍정적인 일들로
채워진, 자기만의 지도를 만들어 보고 싶어질지도 모른다.
지도 대신 더 단순하게 진행하고 싶다면, 긍정적인 일들을 적은 짧은
목록을 작성해 보라. 무력한 느낌이 들 때, 그 목록이 긍정적인 변화를
생생하게 그려보는 데 도움을 줄 것이다.

04
방향을 제시하는 이야기가 필요한 순간

창문 안팎으로 창턱이 나 있네
나는 그중 하나만
의식하곤 하지
창밖의 나무가 내게 알려주네
우리의 성장이 그러하듯
모든 것은
무언가의 영향을 받는다는 걸

_ 스튜어트 와그너

건설적 저널리즘을 위한 제안

 몇 년 전, 우리는 오스트리아에서 다큐멘터리 영화 〈트루 워리어스〉 순회 상영에 나섰다. 일주일간 이 도시에서 저 도시로 돌아다니며 우리의 영화를 보여주고, 매일 저녁 관객들과 이야기를 나누었다. 우리 영화처럼 자살 테러를 다룬 이야기에서조차도 용기를 주는 순간들을 찾는 것이 중요하다고 생각하는 이유를 공유했다.
 우리가 순회 상영을 하기 전 해, 제바스티안 쿠르츠Sebastian

Kurz가 오스트리아 연방 총리가 되면서, 오스트리아 정치는 심하게 우편향되어 있었다. 그런 까닭에, 상영이 끝난 후 토론 시간에는 영화 자체에 대해서뿐 아니라, 사회·정치적 현안들에 대해서도 이야기를 나누었다. 어떻게 하면 더 바람직한 이민 정책을 펼칠 수 있을까. 인권을 억압하는 정부에 대해 평화적으로 저항하는 방법은 무엇일까. 주변의 모든 것들이 절망스러워 보일 때 앞으로 계속 나아갈 힘과 희망을 어디서 찾을 수 있을까.

격렬한 토론이 벌어졌고, 나와 남편 외에 우리 영화에 나오는 아프가니스탄인 한 사람도 무대에 섰는데, 그는 배우이자 감독으로 활동하는 아마드 나시르 포물리Ahmad Nasir Formuli였다. 순회 상영 중, 오스트리아 부르겐란트의 와이너리 우마툼에서 우리의 영상을 보여주었던 저녁은 잊을 수 없다. 그곳은 오스트리아 국빈 연회에 납품하는 와이너리로, 아놀드 슈워제네거도 그곳의 단골이며, 〈뉴욕타임스〉에도 이미 부르겐란트의 와인이 보도된 바 있다. 저녁 내내 특별한 분위기가 이어졌다. 그림 같은 풍경 한가운데 있는 와이너리는 고요하고 평온한 분위기를 물씬 풍겼다. 영화가 상영되는 동안 우리는 400개 나무통이 있고 습도가 80퍼센트로 유지되는 공간에서 대기했다. 영화가 끝난 후 토론 시간에는 아프가니스탄 음식이 제공되었다. 물론 와인도 있었다.

하지만 관객들의 이야기는 그리 목가적이지 않았다. 한 여성은 자신과 남편이 지난 몇 달간 강제 추방의 위협에 처한 젊은이를 그들의 집에 숨겨주는 일을 해 왔고, 동시에 공식적인 채널을 통해 난민들을 담당하는 지역 정치인들에게 영향력을 행사하려고 노력해 왔다고 말했다. 다른 이들은 이구동성으로 그들이 많은 노력을 기울이고 있긴 하지만 점점 힘이 바닥나고 있는 것 같다고 말했다. 오스트리아 정부의 난민 차별법과 적대적인 정책 앞에서 더 이상 무얼 어떻게 해야 할지 모르겠다는 것이었다. 우리는 늘 그래왔듯, 용기를 얻을 수 있는 이야기로 시선을 돌리고자 했다. 나는 순회 상영 중 만났던 많은 사람들, 오랜 시간에 걸쳐 더 나은 사회로 나아가기 위해 노력해 왔고, 앞으로도 그렇게 해 나가기로 굳게 결심한 사람들에 대해 이야기했다. 또한 오스트리아에서 정치적 저항이 얼마나 조직적으로 이루어지고 있는지, 오스트리아인들이 인권을 위해 위험을 무릅쓰며 목소리를 내고 행동하는 데서 얼마나 깊은 인상을 받았는지 이야기했다. 관객들 중 몇몇은 고개를 끄덕였지만, 나는 내 이야기에 정말로 설득력이 있었는지 확신하지는 못했다.

그런데 토론이 끝난 뒤, 관객들 중 한 사람이 다가오더니 내게 자기 회사 편집국에 와서 강의를 해주지 않겠느냐고 물었다. 오래전부터 건설적인 이야기 전달 방식에 대해 강의해 줄 사람을 찾고 있었다는 것이었다. 나는 별 생각 없이 즉석에서 그러겠다고 약속했다. 그리고 몇 달 뒤, 나는 린츠에서 열리는 첫 세미나를 준비하기 위해 컴퓨터 앞에 앉았다.

그 무렵은 내가 '건설적 저널리즘constructive journalism'이라는 말을 처음 접한 후 얼마 안 된 시점이었다. 그때까지 나는 그런 개념이 있다는 것도 알지 못한 채, 그저 내가 옳다고 여기는 대로 해 왔을 따름이었다. 내가 하는 일을 일컫는 어떤 개념이 있다는 것도, 그에 관한 연구가 이루어지고 있다는 것도, 이미 건설적 보도를 하는 저널리스트들이 많다는 것도 알지 못했다.

나는 세미나를 준비하면서 건설적 저널리즘에 대한 정의와 지침, 연구를 다룬 자료들을 찾아 읽었다. 그 과정에서, 바람직한 저널리즘을 일컫는 말로 건설적 저널리즘, 문제해결 지향 저널리즘(솔루션 저널리즘), 긍정적 저널리즘 등 여러 개념들이 있고, 이런 개념들이 단지 명칭만 다른 것이 아니라 각자 목표하는 바와 접근 방식에서도 차이가 난다는 것을 알게 되었다. 긍정적 저널리즘은 양적인 면에서 주로 부정적이기만 한 뉴스들과 균형을 맞추기 위해 긍정적이고 성공적인 이야기에 초점을 맞춘다. 세계가 얼마나 엉망인지를 보여주는 이야기에 대한 균형추로서 말 그대로 '기분 좋은 이야기feel good story'를 제시하는 것이다. 이에 비해, 건설적 저널리즘과 문제해결지향 저널리즘은 다른 목표를 추구한다. 그들은 무엇이 잘못되고 있고, 어떻게 하면 상황이 나아질 수 있는지를 보여주고자 한다. 문제해결지향 저널리즘은 이름에서 이미 알 수 있듯, 구체적인 해법을 찾는다. 건설적 저널리즘은 꼭 해법을 찾지는 못해도 관점을 달리해, 좀 더 폭넓게 보고자 한다. 문제해결지향 저널리즘이 늘 건설적 저널리즘인 것은 맞지만, 건설적 저널리즘이라 해서 늘 해법지향적인 것은 아니다.

나는 건설적 저널리즘이 미국과 몇몇 유럽 국가, 무엇보다 덴마크에서 이미 상대적으로 널리 확산되어 있음도 알게 되었다. 독일 언론에서도, 국제적으로 비교하면 약간 뒤처진 감이 있지만, 이미 다른 방식의 보도가 이루어지고 있는 곳이 여기저기 있었다.

건설적 저널리즘이 이미 2001년, 그러니까 내가 기자로 일하기 한참 전에 태동되었다는 것도 알게 되었다. 그 무렵 〈뉴욕타임스〉에는 탐사 저널리스트 티나 로젠버그Tina Rosenberg의 '브라질을 보라Look at Brazil'라는 기사가 실렸는데, 이는 브라질이 어떻게 에이즈의 확산 속도를 대폭 늦출 수 있었는지 소개하는 기사였다. 바로 제네릭 의약품generic drug(복제약) 생산 및 보급 덕분이었는데, 이로 인해 미국에서는 연간 1만~1만5000달러 드는 에이즈 치료비를 브라질에서는 크게 낮출 수 있었다는 것이다. 이 기사에서 로젠버그는 "브라질의 사례는 에이즈로 죽는 그 누구도 그저 에이즈 때문에 죽는 것은 아니라는 걸 보여준다"면서 "(에이즈로) 죽는 사람은 그저 버려지는 것일 뿐"이라고 지적한다.

기사는 길고, 취재 내용은 상세하다. 로젠버그는 모든 문제를 적나라하게 기술한다. 그러나 문제 제기에 그치지 않고, 다른 나라들도 어떻게 하면 위기에서 벗어날 수 있는지 함께 소개한다. 원래 로젠버그는 제약회사가 가격규제를 통해 경제상황이 어려운 나라 사람들의 치료를 불가능하게 만드는 실태에 대해 쓰려고 했다. 즉, 제약회사가 수백만 명의 생명보다 자기 이익을 더 중시하는 실태를 고발하고자 했다. 하지만 상사가 그런 기사를 쓰는 것에 반대했고, 로젠버그가 초점을 바꾸어, 불가능한 일을 해낸 한 나라를 전면에 부각시키겠다고 제안하면서 비로소 지면을 따낼 수 있었다.

그 뒤 로젠버그는 다른 동료들과 함께 '솔루션 저널리즘 네트워크'를 설립했고, 이 네트워크는 이후 전 세계 미디어 제작자들을 길러내고 있다. 로젠버그는 이렇게 쓴다. "저널리스트들은 문제만 보도해야 한다고 생각하는 경우가 많다. 그들은 문제 해결에 대해 이야기하는 것은 대중 영합적으로 듣기 좋은 소리를 전하려는 행위이며, 기껏해야 PR이나 로비 행위에 불과하다고 폄하한다. 우리의 일은 그들에게 꼭 그런 것일 필요는 없다고 가르치는 것이다. 건설적 저널리즘은 안 좋은 방향으로 흘러갈 수도 있지만, 꽤 훌륭한 방향으로 흘러갈 수도 있다. 우리는 건설적 저널리즘을 훌륭한 방향으로 실현하려면 어떻게 해야 할지를 가르치고 있다."

문제 '이상'의 것을 보는 훈련이 필요한 때

이와 관련해 누가, 무엇을, 어디서, 왜, 언제 했는지를 묻고, 그 출처는 어디인지를 묻는 전통적 저널리즘의 질문 외에 새로운 질문을 던지는 것이 중요하다는 이야기도 읽었다. '이제 어떻게 할 것인가.' '어떻게 하는 것이 효과적일까.' '다음 단계는 무엇일까.' 문제의 현재와 과거에만 치중하는 전통적 저널리즘과 달리 건설적 저널리즘은 미래를 지향한다.

내가 읽은 모든 내용은 흥미로웠다. 하지만 그 어떤 글도 근본적으로 다르게 생각하며 다르게 전달하고 있다는 느낌이 명쾌하게 들지는 않았다. 자료를 읽으며, 내가 이야기를 전달하는 방식이 예전과 비교해 어떻게 달라졌는지를 생각해 보았다. 내게 일어난 근본적인 변화는 단 하나였다. 바로, 앞을 내다보기 시작했다는 것이다. 무엇이 잘못되었는지 '만' 묻지 않고, 그 문제에 어떻게 대처하면 좋을지를 묻게 되었다는 것이다. 아주 간단해 보이지만, 이는 내가 직업적으로나 사적으로 배웠던 것과 완전히 반대되는 일이었다. 그리하여 나는 건설적 저널리즘의 방향을 한눈에 확 들어오게 기술하고 싶어졌고, 한동안 생각한 끝에 간단한 공식을 생각해 냈다. 바로 '문제+X=이상적인 상태'라는 것이다.

문제+X. 여기서 '문제'는 우리 마음에 들지 않는 모든 것을 뜻한다. 사회적 차원에서는 사회적 불공정, 억압, 위기, 부정의, 재난, 전쟁 등등. 개인적 차원에서는 걱정거리, 다툼, 직업적 어려움, 질병, 불면증 등등. X는 이상적인 상태로 방향을 전환하기 위해 우리가 동력으로 삼을 수 있는 것들을 뜻한다. 문제를 감소시키거나, 약간의 운과 인내를 통해 문제를 완전히 제거하는 데 필요한 것들이 바로 X다.

이 공식은 우리가 이야기를 다르게 전할 수 있도록 도울 뿐 아니라, 우리가 처한 환경에서 문제 '이상의' 것을 보도록 하는 데, 그리고 '더 건강한' 뉴스를 소비하도록 하는 데 도움을 줄 수 있다. 새로운 방식으로 이야기를 하고, 근본적으로는 우리의 삶을 새롭게 발견하는 데 도움을 줄 수 있다. 이제 한 걸음씩 나아가 보자.

우선 '문제'를 가능한 한 구체적으로 상상해 보자. 당신이 이미 오래 겪어온 문제를 눈앞에 그려 보라. 혹은 오늘 당신을 거의 미치게 만든 문제를 눈앞에 그려 보라. 그것은 개인적인 삶의 문제일 수도 있다. 불쾌한 대화를 앞두고 있어서, 며칠 전부터 속에 납덩이 하나를 안고 있는 기분이 드는지도 모른다. 오늘 아침, 어떤 두려움을 안고 잠에서 깨어났는지도 모른다. 걱정 때문에 밤새 잠을 설쳤는지도 모른다. 어쩌면 당신의 문제는 그보다 더 큰 것인지도 모른다. 질병이 당신의 삶을 힘들게 할 수도 있고, 부부 관계나 연인 관계가 문제에 봉착해 있는지도 모른다. 오랜 우정이 깨졌는지도 모르고, 가까운 사람이 세상을 떠났는지도 모른다. 문제는 사회적인 것일 수도 있다. 뉴스에서 들은 뒤 계속해서 마음에 걸리는 사회적 문제일 수도 있다.

어떤 문제이든 상관없다. 중요한 것은 가능한 한 자세하게 그것을 상상해 보는 것이다. 기후위기, 인종차별, 열악한 노동환경, 과도한 스트레스 등 너무 추상적이고 포괄적인 개념에 머물지 말라. 문제를 구체적이고 정확하게 묘사해 보라. 산책할 때 길 좌우편에 널려 있는 플라스틱 쓰레기들이 마음에 걸리는가. 많은 동물 종이 멸종 위기에 처해 있다는 사실이 마음에 걸리는가. 악천후와 자연재해가 증가하고 있는 것이 마음에 걸리는가. 구체적으로 생각하다 보면, 걱정되는 여러 요소들이 있음을 알게 될 것이다. 커다란 문제는 여러 작은 문제들로 이루어져 있는 경우가 많다.

결정하는 데 어려움이 있다면 순서를 정해 보라. 어떤 문제를 가장 먼저 처리하고 싶은가. 모든 일을 동시에 하는 것은 어차피 불가능하다. 아마도 이것이 우리가 '새로운 공식'에서 가장 먼저 배울 수 있는 것인지도 모른다. 우리를 분노하게 하는 것을 바꾸고자 한다면, 우선 무엇부터 시작할 것인지를 결정해야 한다. 선택을 해야 하고, 출발점을 찾아야 하며, 초점을 정해야 한다. 또한 이와 동시에 우리를 분노하게 만드는 다른 모든 것들을 잠시 내려놓아야 한다.

모든 문제를 한꺼번에 해결할 수는 없다

이 아이디어를 구체화하기 위해 몇 가지 예를 살펴보도록 하자. 당신이 인종주의 문제에서부터 시작했다고 해보자. 당신은 흑인을 비롯한 유색인종이 백인보다 더 자주, 더 과도하게 경찰의 제지를 받는다는 사실에 화가 날지도 모른다. 혹은 극우 정당 의원이 연방의회에서 또 한 번의 임기를 시작했다는 것에 화가 날지도 모른다. 여전히 많은 독일의 거리와 광장이 인종주의 전범과 식민 통치자의 이름을 따서 명명되고 있는 것에 화가 날지도 모른다. 당신은 이 글을 읽으면서 비로소 이 모든 것에 대해 분노하고 있었음을 깨달을지도 모른다. 아무튼 중요한 것은 한 가지 구체적인 문제를 선택하는 것이다. 선택의 기준은 다양할 것이다. 어떤 문제가 최악인지를 자문할 수도 있고, 어떤 문제가 가장 참을 수 없는지, 또는 어떤 문제에 가장 쉽게 영향을 미칠 수 있는지를 물을 수도 있다. 그저 직감적으로 현재 어떤 문제가 가장 와 닿는지를 기준 삼아 선택할 수도 있다.

 무언가 하나를 선택하기로 결정하는 것이 어려운 이유는, 우리가 동시에 모든 문제에 골몰하지 않고 단지 하나에만 집중할 경우, 그 외 다른 문제들을 대수롭지 않은 것으로, 별것 아닌 것으로 만들어 버리는 것은 아닐까 하는 두려움 때문일 수 있다. 그러나 우리의 선택은 단지 그 순간에만 적용된다는 걸 생각하라. 첫 번째 문제를 해결하거나 해결할 방법을 찾고 나면, 다음 문제로 넘어갈 수 있다. 모든 일에는 다 때가 있다. 하고자 하는 일이 아무리 많아도, 결국 한 걸음씩 나아가야 한다는 것을 상기하라. 동시에 많은 일들에 대해 분노할 수 있지만, 사태를 변화시키는 것은 한 번에 하나씩만 할 수 있다. 모든 문제를 한꺼번에 해결하는 것은 불가능하다.

내 삶에서 문제는 매일같이 달라진다. 나는 개인이나 사회가 미래를 수동적으로 마주하는 대신 좀 더 능동적으로 만들어 나가는 일에 관심을 가지고 있다. 따라서 이 경우, 많은 사람들과 기관들이 우리 사회를 발전시켜 나가는 일과 관련하여 잠재력을 충분히 발휘하지 못하는 것처럼 보이는 것이 내게는 '문제'로 다가온다.

내가 지난 몇 년 동안 관심을 기울여 온 또 다른 문제는, 많은 사람들이 일하고 돈을 버는 데만 너무 몰두한 나머지 돈이나 재산 문제와 상관없이 자신의 삶을 일구어 갈 시간과 장소를 찾지 못하고 있다는 느낌이 든다는 것이다.

카불에 다녀온 뒤부터, 전쟁 그 자체와 내가 전쟁을 막기 위해 할 수 있는 일이 아무것도 없다는 것 역시 내 마음 속에 '문젯거리'로 자리 잡고 있다.

마지막으로, 현재 일상에 지장을 주는 또 하나의 문제는 바로 달팽이다. 매일 밤 달팽이들이 텃밭을 습격하는데, 그들을 죽이지 않고 쫓아낼 효과적인 방법을 아직 찾지 못했기 때문이다. 오늘 아침, 가시가 많은 장미 가지들을 잘라 던져 놓으면 달팽이를 막는 데 도움이 된다는 동영상을 봤는데, 이게 정말로 효과가 있을 경우 당장 내일이라도 문제가 해결될지도 모를 일이다. 생각해 보면, 문제는 늘 그런 식으로 전개된다. 어떤 문제들은 수년간 지속되기도 하고, 어떤 문제들은 단기간에 사라지기도 한다. 개인적으로 우리의 모든 문제가 영구적으로 지속되지는 않는다는 사실을 아는 것만으로도 위로가 된다.

이상적 상태란 최종 목표가 아니라 나아가야 할 방향이다

전쟁 이야기를 하다가 달팽이 이야기를 하니 조금 이상하다는 생각이 드는가. 사실 이 두 가지 예를 무작위로 선택한 것은 아니다. 생각해 보라. 삶을 살아가다 보면 대부분 크고 작은 문제에 맞닥뜨리게 되는데, 이때 우리가 늘 객관적으로 가장 심각한 문제에만 골몰하는 것은 아니다. 그렇지 않다면, 우리는 학교에 가거나, 직장에 가거나, 휴가를 떠나는 대신, 매일같이 기후보호, 정의, 평화를 위한 시위만 하고 있어야 하지 않겠는가. 작가 퀴브라 귀뮈사이는 이렇게 말한다. "매 순간 모든 차별적 구조, 폭력, 불의에 대항하거나 환경 문제를 위해 투쟁할 수 있는 사람은 없다. 우리의 모든 행동은 우리가 처한 현실과 이상 사이의 타협에서 비롯된다. 이와 다르게 행동하기는 어렵다."

　이 사실을 분명히 인식하는 게 도움이 될 것이다. 스스로 문제들을 분류하고 정리하지 않을 경우, 너무나 거대한 문제 더미 앞에 서 있는 느낌이 들게 된다. 모든 문제들을 뭉뚱그려 놓으면 압도적으로 느껴지게 마련이다. 하지만 자세히 들여다보면, 그중 몇몇 문제들은 그렇게까지 나쁜 상황은 아니라는 걸 알 수 있고, 몇 주, 몇 달, 아무리 길어도 몇 년 안에는 해결될 문제라는 걸 알 수 있다. 이를 인식하는 것만으로도 산더미처럼 쌓인 문제들이 좀 줄어드는 느낌이 든다.

　전쟁과 달팽이를 동시에 언급한 또 다른 이유가 있다. 진짜 문제와 가짜 문제가 따로 있지 않다는 걸 상기시키고자 함이다. 감정적 혹은 도덕적 무게에 따라 어떤 문제가 더 중요한 문제가 되거나, 그렇지 않은 문제가 되는 건 아니다. 우리는 늘 현재 가장 신경 쓰이는 문제를 가지고 있다. 어떤 날에는 사랑하는 사람을 상실한 것이 가장 힘들게 다가오고, 어떤 날에는 치통이, 어떤 날에는 날씨가 가장 힘들게 다가온다. 사안이 얼마나 무거운 것인지와 상관없이, 절망은 늘 절망으로 느껴진다는 걸 나는 경험으로 알게 되었다. 감정은 이성적이지 않다. 이성적으로 설명할 수 있는 어떤 사실로 인해 감정이 생겨날 수 있지만, 그럼에도 감정은 언제나 감정일 뿐이다. 두려움, 절망, 외로움은 언제나 위협적으로 느껴진다. 그런 감정들을 일으킨 원인이 우리 삶을 급격하게 위협하는 것이 아니라 하더라도 말이다.

특히 비극적이거나, 사회적으로 심각한 문제를 선택해야 한다고 생각하지 말라. 그저 지금 가장 절박하게 느껴지는 문제를 선택하면 된다. 친구, 가족, 동료들이 그 문제를 진부하다고 여길까, 별것 아닌 것으로 여길까, 우스운 것으로 여길까, 제법 인상적인 것으로 여겨주기는 할까 신경 쓸 필요가 없다.

문제를 발견하자마자, 이와 관련하여 우리가 바라는 이상적인 상태가 어떤 것인지 알아낼 수 있다. 많은 경우, 이상적인 상태란 우리가 직면한 문제와 정확히 반대되는 상태일 것이다. 경찰이 시민을 인종차별적으로 대하지 않는 상태, 극우 정당이 의회에서 의석을 차지하지 않는 상태, 전쟁이 일어나지 않는 상태, 달팽이가 텃밭 작물을 망가뜨리지 않는 상태.

그러나 어떤 경우에는 당면한 문제와 정확히 반대되는 상태로 가는 것이 불가능할 수 있다. 질병, 전쟁, 혹은 극우 테러리스트의 공격으로 사람들이 죽는다면, 우리는 어떤 방법으로도 그 일을 되돌릴 수 없다. 이런 경우, 우리는 참혹한 죽음을 초래한 구조적 문제를 변화시키는 걸 이상적 상태로 상정해야 할 것이다. 불치병 치료 연구를 지원하고, 평화 협상을 위해 더 많이 노력하고, 총기 규제법을 더 엄격하게 관리하고, 급진적인 네트워크를 더 세심하게 감시함으로써 장차 같은 사건이 일어날 가능성을 최대한 낮추는 것이다.

이상적인 상태가 무엇인지 가능한 한 구체적으로 기술하는 것도 중요하다. 중요한 단 하나의 진짜 문제가 있는 게 아닌 것처럼, 단 하나의 이상적인 상태가 있는 것도 아니다. 비로소 문제가 해결되었다고 느낄 수 있을 만한, 구체적인 상태를 생각하고 기술하는 게 중요하다.

많은 사람들과 기관들이 더 나은 미래를 위해 충분히 노력하지 않는 것 같다는 우려와 관련해 내가 생각하는 이상적인 상태는, 다양성을 존중하는 평등한 분위기 속에서 어떤 미래를 꿈꿀 것인지를 함께 논의하는 사회, 그런 미래로 나아가기 위한 기회와 자원과 장소를 찾아 나가는 사회다. 많은 사람들의 삶이 너무 돈을 버는 데만 집중돼 있다는 우려와 관련해 내가 생각하는 이상적인 상태는, 이를테면 기본소득 같은 것을 통해 사회 구성원들의 재정적 안정을 보장함으로써, 각자의 소득이나 사회적 지위와 관계없이 생존의 위협을 받지 않는 사회다. 전쟁과 관련해 내가 생각하는 이상적인 상태는, 전쟁이 없는 상태, 더는 그 어디에서도 전쟁이 일어나지 않는 상태다.

마지막에 언급한 전쟁의 예에서, 우리는 이상적인 상태란 지나치게 완벽하게 보여서 구체적인 목표로 삼기는커녕 입 밖에 꺼내는 것조차 어려운 일이라고 느낄 수 있다. 하지만 걱정하지 말라. 이상적 상태에 실제로 도달할 수 있는가를 잣대로 삼을 필요는 없다. 꿈이 실제로 이루어질 것인가를 잣대로 삼을 필요도 없다. 중요한 것은 이상적 상태를 향해 나아가는 것이다. 그것을 조만간 꼭 이루어야 하는 목표로 보기보다, 우리가 나아가야 할 방향을 알려주는 나침반이라고 생각하라. 우리가 주변의 상황을 변화시키기 위해 어떤 길로 나아가야 할지를 알려주는 나침반으로 말이다.

당면한 문제와 그에 상응하는 이상적 상태를 그려볼 수 있다면, 우리는 이제 출발점과 목적지를 알 수 있다. 여기에 하나 더 추가해야 할 것이 있다면, 그건 바로 중간 경로다. A에서 B로, '나쁜' 상태에서 '약간 더 나은' 상태로, 최상의 경우 '좋은' 상태로 나아가는 경로 말이다. 오늘 시작해 우리가 원하는 미래로 나아가는 과정, 즉 X가 아직 빠져 있다.

우리 공식에서 가장 중요한 부분이 바로 X다. X가 차이를 만든다. 이 책에서 여러분이 얻어 갈 수 있는 것이 바로 X다. 이것은 앞으로 몇 달, 몇 년, 몇십 년 동안 다양한 상황에서, 부정적인 것에만 갇혀 있지 않기 위해 계속 찾게 될 무엇이다. X는 우리의 구명줄이다.

'다른' 이야기를 위한 실험 4

크고 작은 문제들 중 현재 가장 마음이 쓰이는 것들의 목록을 작성해 보라.
그런 다음, 변화를 위해 가장 먼저 행동하고 싶은 문제를 선택하라.

이 장에서 배운 공식에 의거해 체계적으로 사고해 보라.
이 문제와 관련해 생각할 수 있는 가장 이상적인 상태는 무엇인가.
생각에 제한을 두지 말라. 현실적인지 않은지와 상관없이 당신이 생각할
수 있는 최상의 상태를 기술해 보라.

생각한 것을 실제로 적어 보라.
왼쪽에 문제를 쓰고 오른쪽에 이상적인 상태를 적으라.
둘 사이에 약간의 공간을 비워 두자. 바로 X를 위한 공간이다.
이제 다음 장에서 적절한 X를 찾는 여정을 시작해 보자.

05
다른 이야기를 쓰기 위한 첫걸음

한 낱말
한 낱말
그리고 또 한 낱말
이어가는 것이
힘이다

_ 마거릿 애트우드

적절한 질문을 던지는 데서부터 시작하라

완벽하게 딱 들어맞는 X란 없다. 무엇보다 중요한 것은 적절한 X를 찾는 것이다. 어떤 경우에는 X가 직관적으로 떠오를 것이다.

달팽이의 예로 돌아가 보자. X는 가시가 달린 장미가지들로 이루어질 수도 있다. 정말로 장미가지들이 달팽이를 죽이지 않고도 그들이 텃밭을 망가뜨리는 걸 막을 수 있다면 말이다. 이 방법이 유효하지 않다면, 틀을 만들어 밭의 높이를 높이거나 밭 주변에 울타리를 쳐서 달팽이가 접근하지 못하게 만드는 것이 X가 될 수도 있을 것이다. 이 방법의 경우 비용이 좀 많이 들긴 하겠지만 말이다. 비가 내릴 때는 언제나 달팽이가 채소밭에 나타난다는 것을 받아들이고, 채소밭에 달팽이가 출몰하는 건 내게만 일어나는 일이 아니라는 사실을 인정하는 것도 한 방법이다. 달팽이가 채소를 모조리 먹어 치우는 것은 아니라서, 그들로 인해 내가 굶어야 하는 건 아니니 다행이라고 여기며 말이다. 비교해 보면, 어떤 X도 다른 X보다 낫다고 단언할 수 없다. 그러나 분명한 건, 어떤 X라도 내게 당면한 문제를 완화시켜 줄 수 있다는 것이다.

나의 삶에서 마음이 쓰이는 또 하나의 문제는 늘 시간이 없다는 느낌, 늘 하고자 했던 것보다 '너무 적게' 하고, 의도한 목표들을 충분히 빠르게 달성하지 못한다는 느낌이다. 이 경우, 나는 X를 찾는 과정에서 주변 사람들에게 조언을 구하고, 그들은 대체 시간을 어떻게 관리하는지 물었다. 우리가 겪는 문제들 가운데 상당수는 다른 사람들도 똑같이 고민하는 것들이어서, 반드시 스스로 해법을 찾을 필요는 없다.

한 친구는 내게 이렇게 충고했다. "늘 계획했던 것에 훨씬 못 미치게 해낸다면, 그건 네가 너무 많은 걸 하려고 하기 때문이야." 또 다른 친구는 시간이 없다는 게 무슨 뜻인지 모르겠다면서 이렇게 답했다. "우리에겐 언제나 시간이 있잖아." 나는 그 말을 듣고 잠시 혼란스러워졌지만, 곧 친구가 한 말의 의도를 알아차릴 수 있었다. 내게 부족한 건 시간이 아니라, 내적 평온이었다. 다음 날 아침, 나는 너무 서두르지 않고 시간을 내어 30분간 명상을 하고, 요가를 하고, 다이어리에 생각거리를 적고, 숲을 산책했다. 그 결과, 평소보다 '일과' 시작 시간은 늦어졌지만, 내가 이전과 전혀 다른 속도로 움직이고 있다는 느낌, 시간을 통제하고 있다는 느낌이 들었다. 아니, 어쩌면 시간에 대한 통제를 내려놓고 드디어 여유를 찾았다는 느낌이 들었던 건지도 모르겠다. 그러고 나서 얼마 뒤, 나는 어떤 책에서 '바쁠수록 돌아가라'는 속담을 만났다. 그 후로 내가 지나치게 분주하다고 느낄 때면 그 속담을 상기하려고 노력한다.

 종종 우리는 자신을 둘러싼 갖가지 문제들을 보면서 자문한다. 이젠 어떡하지? 내가 무얼 할 수 있을까? 여기서 무얼 더 잘 할 수 있을까? 앞으로 무얼 더 요구할 수 있을까? X가 분명하게 인식되지 않아 찾기 어려운 경우도 있다. 특히 해묵은 문제들, 우리가 영향을 미칠 수 없을 것 같은 문제들인 경우에는 더욱 그렇다. 이런 경우에도 X를 찾는 데 도움이 되는 도구가 있다.

그 도구는 바로 스스로 던질 수 있는 '질문'들이다. 어떤 질문들은 우리로 하여금 당면한 문제에 대해 더 면밀히 탐색해 보도록 요구하고, 어떤 질문들은 우리로 하여금 생각의 방향을 새롭게 설정해 보도록 요구한다. 이때 제기할 질문들은 전혀 복잡하지 않다. 마치 탐정이 단서를 찾는 데 도움이 되는 질문을 제기하는 것과 같다고 생각하라. 이번 장에서 우리는 뉴스에서 접할 수 있는 문제와 주제를 통해 그런 질문들을 어떻게 활용할 수 있는지 살펴보려고 한다.

앞서간 이들의 이야기에 귀 기울이자

우리가 스스로에게 던질 수 있는 첫 질문은 다른 도시, 다른 나라, 다른 장소에서는 같은 문제를 어떻게 해결했는가 하는 것이다. 오늘날 우리가 골몰하는 문제들 중 많은 것들은 전 세계에서 공통적으로 고민하는 문제들이다. 그중 어떤 문제들은 우리의 경우 아직 속수무책이지만, 다른 곳에서는 이미 해법을 찾아 적용하고 있는 것들도 있다. 그러므로 모든 문제의 해결을 백지 상태에서 시작할 필요는 없다. 다른 곳에서 발견한 해법을 고스란히 우리 사회에 적용할 수는 없어도—때로는 그럴 수 있을지도 모르지만—우리가 새로운 길로 나아가는 데 귀한 지침으로 삼을 수는 있다.

우리는 이미 그런 사례 하나를 살펴본 바 있다. '브라질을 보라'를 기억하는가. 티나 로젠버그는 원래 영리만을 추구하는 제약회사의 실태 고발과 이로 인해 확산하는 에이즈에 대해 보도하려고 했다. 수만 명이 불가피하게 죽음 앞에 놓인 상황을 꼬집으려 한 것이다. 그러나 그는 방향을 바꿔, 에이스 확산 문제를 보도하는 데 그치지 않고, 이 문제를 상당 정도 해결한 브라질의 사례를 취재해 기록했다.

다른 예로, 많은 사람들이 삶에서 대부분의 시간을 돈을 버는 데 들인다는 문제에 대해 생각해 보자. 통계적으로 독일인의 약 3분의 2가 직업적 스트레스를 받는 것으로 나타났다. 다른 나라에서는 이 문제에 어떻게 대처하고 있을까. 이를테면 주 40시간 근무제에서 벗어나 더 나은 대안을 마련한 나라가 있을까.

아이슬란드에서 이루어진 '현장 연구'에 따르면, 주당 근로시간을 40시간에서 36시간이나 35시간으로 단축하자 직원들의 만족도가 높아졌을 뿐만 아니라 생산성도 향상된 것으로 나타났다. 현장 연구에는 아이슬란드 노동 인구의 약 1퍼센트에 해당하는 2500명이 참여했고, 직종은 사무관리직에서부터, 병원, 학교, 경찰서 근무자에 이르기까지 다양했다. 이 연구의 최종 보고서에 따르면, 참가자들은 근로시간 단축에 따라 시간을 더 잘 관리하며 더 효율적으로 일하게 되었고, 스트레스가 줄었으며, 가족들과 더 많은 시간을 보내게 되었다. 주중에는 이전보다 취미생활에 더 많은 시간을 할애했고, 주말에는 가족이나 연인과 더 많은 시간을 보낸 것으로 나타났다. 또한 남성들은 가사와 육아에 더 많은 시간을 할애할 수 있었고, 싱글 부모들은 추가로 얻은 시간이 육아에 큰 보탬이 되었다. 나아가 줄어든 근로시간은 당사자 외에 친구, 자녀, 배우자, 연인 등 연구에 직접 참여하지 않은 사람들에게도 긍정적인 영향을 미치는 것으로 나타났다.

한편 심신 건강 개선 효과는 연구가 이루어진 3년 내내 지속된 것으로 나타났다. 근로시간 단축이 직원들의 건강을 개선시켰고, 스트레스와 번아웃을 지속적으로 감소시켰으며, 사기 증진에 도움이 되었다. 연구 결과가 발표되자, 여러 노동조합이 근로시간을 단축하는 새로운 단체협약을 체결했으며, 지금은 아이슬란드 노동인구의 86퍼센트가 근로시간 단축 혜택을 보고 있는 것으로 나타났다. 연구 보고서의 결론은 다음과 같다. "아이슬란드의 실험은 현대 선진 경제 시스템에서 근로시간 단축이 효과적이고, 바람직하며, 실행 가능한 정치적 의제임을 알려주는 신호탄 역할을 할 것으로 보인다."

스페인 정부도 이미 비슷한 프로젝트를 수립해, 200개 기업이 3년간 직원들의 근로시간을 주당 32시간으로 단축할 수 있도록 지원할 계획이다. 뉴질랜드에서도 정부가 새로운 근무 모델을 적극 지원하고 있어서, 이익 극대화를 추구하는 것으로 유명한 유니레버^{Unilever}까지도 뉴질랜드 사업장 직원들을 대상으로 주 4일 근무제를 테스트하고 있다. 일단 테스트 기간은 1년이며, 급여 조건은 동일하다. 이 실험이 성공하면 다른 나라의 유니레버 사업장에도 확대 적용해 나갈 예정이다.

'문제'의 또 다른 예로, 파리협정에 따른 '1.5도 목표'를 달성하고 기후위기를 막는 데 동참하기 위해 독일이 2035년까지 탄소중립을 달성해야 한다는 사안이 있다. 이 문제에서 모범이 되어줄 나라가 있을까. 가장 먼저 떠오르는 나라는 덴마크다.

덴마크는 2030년까지 석탄 채굴을 단계적으로 중단하고자 한다. 또한 현재는 유럽연합의 다른 어떤 나라보다 많은 석유와 가스를 생산하고 있지만, 2050년까지 북해에서 석유와 가스 생산을 완전히 중단할 계획이다. 덴마크는 이러한 목표를 이루기 위해 모든 경제 부문에서 민관 기후 협력체계를 구축하고 있다. 예를 들어, 세계 최대 해운사인 머스크는 원래 계획보다 7년 앞선 2023년에 최초의 탄소중립 컨테이너 선박을 취항할 것이라고 발표했다.(머스크는 실제로 2023년 메탄올 추진 컨테이너 선박을 도입했다-옮긴이)

덴마크는 자국의 경험을 전 세계 16개국과 공유하며 에너지 전환을 위해 협력하고 있다. 덴마크는 전력의 50퍼센트 이상을 이미 풍력과 태양 에너지에서 얻는다. 2021년 여름, 덴마크의 메테 프레데릭센$^{\text{Mette Frederiksen}}$ 총리는 2027년까지 전체 전력 수요를 재생에너지로 충당할 수 있을 것이라고 말했다. 전문가들 역시 이 목표가 현실적이라고 본다. 덴마크에는 이미 화석연료 관련 일자리보다 재생에너지 관련 일자리가 더 많다. 한편 유럽연합은 2030년까지 전력 수요의 32퍼센트를 재생에너지로 충당하는 것을 목표로 정했다. 독일은 2030년까지 재생에너지 비율을 65퍼센트로 끌어올리겠다고 밝혔다.

덴마크는 어떻게 이렇듯 재생에너지 분야에서 선구적인 역할을 하게 되었을까. 이를 이해하려면, 몇십 년 전 덴마크의 선택으로 거슬러 올라가야 한다. 1970년대에 석유 위기가 발발한 후 많은 서방 국가들이 석탄 채굴량을 늘렸을 때, 덴마크는 재생에너지에 집중했다. 석유 위기 동안 올랐던 전기

요금이 다시 하락하기 시작하자 덴마크는 세금을 올렸다. 전기요금은 이전과 거의 동일하게 유지되었고, 정부는 추가 수입을 에너지 혁신에 사용했다.

1997년, 덴마크 정부는 필요 에너지를 100퍼센트 자체 생산할 수 있는 섬을 공모했고, 삼쇠섬Samsø이 선정되었다. 그리고 현재, 삼쇠섬은 주민들의 소비량을 능가하는 전력을 생산하고 있다. 풍력 발전이 중요한 역할을 하고 있는데, 주민들은 섬 주변에 설치된 풍력 발전기를 매우 높이 평가하고 있다. 이는 섬 주민들 다수가 발전소에 지분을 가지고 있기 때문이기도 하다. 삼쇠섬 웹사이트에는 이렇게 쓰여 있다. "당신 것이 된다면 풍력 발전기가 훨씬 멋지게 느껴질 겁니다. 바람이 불 때마다 수익이 생길 테니까 말이죠." 하지만 삼쇠섬 에너지 아카데미 책임자는 돈보다 더 중요한 것은 함께 참여하고 있다는 느낌이라고 말한다. "주민들이 함께 참여하지 않는다면 아주 많은 저항이 생길 수 있다"는 것이다. 삼쇠섬의 다음 목표는 덴마크의 나머지 지역보다 20년 먼저 천연가스와 석유의 사용을 완전히 중단하는 것이다. 대신 짚을 난방에 활용하는데, 짚 150베일Bail(짚이나 건초를 묶는 포장 단위-옮긴이)은 석유 약 30톤과 맞먹는다. 이와 관련된 일을 하는 농부는 짚 난방의 장점을 이렇게 설명한다. "짚은 여기서 자라고, 석유는 땅 속 어딘가에 남아 있게 되지요." 게다가 짚은 다시 자라니까 매우 실용적이다. 삼쇠섬의 주민들 대부분은 전기 자동차를 운행하는데, 태양광 충전소—지붕에 태양광 패널이 설치된 주차 공간—에서 충전할 수 있다. 전 세계의 지역, 도시, 국가에서 에너지 전환을 이룰 방법을 배우기 위해 삼쇠섬을 찾아온다.

덴마크의 기후 정책을 배울 수 있는 곳이 삼쇠섬만은 아니다. 코펜하겐은 주민 수가 지속적으로 증가하고 있음에도 2025년까지 세계 최초로 탄소중립 도시, 즉 탄소를 배출하는 만큼 흡수하는 도시가 되고자 한다. 풍력에너지, 태양에너지, 지열에너지, 바이오매스가 목표 달성에 도움을 줄 것이다. 그 밖에 새로 건물을 지을 때는 수천 개의 태양열 모듈로 건물 외관을 덮는 등, 필요한 에너지의 일부, 혹은 전부를 자체 생산하도록 할 계획이다. 세계에서 가장 현대적인 쓰레기소각 열병합 발전소에는 근린공원까지 딸려 있어, 이 발전소가 10만 가구에 열을 공급하는 동안 코펜하겐 시민과 관광객은 발전소 상부와 측면에 설치된 스키장에서 스키를 즐기거나, 발전소 외벽에 설치된 인공 암벽에서 등반을 하거나, 발전소 위의 공원에서 시내를 조망할 수도 있다. 하버드 대학 출신의 작가 앤드루 웨어Andrew Wear에 따르면, 코펜하겐은 새로운 법률을 제정해 기후를 보호하고, 삶의 질을 개선하는 등 성공적인 기후 정책을 펼쳐 나가고 있다. 덴마크는 세계행복보고서 World Happiness Report에서 2017년과 2020년에 행복한 국가 2위에 올랐다. 성공적인 개념을 도입하여 일찌감치 에너지 전환을 시작한 것 외에도 덴마크인들이 정부를 신뢰한다는 것 역시 행복에 중요한 역할을 한다. 웨어에 따르면, 덴마크인들이 정부를 신뢰하는 이유 중 하나는 바로 언론의 보도 방식에 있다. 언론이 정치적 양극화를 부추기지 않기 때문에, 미디어와 정치 영역에서 건설적인 토론 문화가 형성되고 있다는 것이다.

그렇다고 덴마크가 완벽한 국가인 것은 아니다. 여전히 육류 소비와 생산이 많은 국가다. 최근 몇 년간 많은 도축장이 문을 닫았지만, 덴마크에 필요한 생산량 일부가 독일로 이전되었으며, 이는 덴마크를 기준으로 볼 때 독일이 저임금 국가이기 때문이다. 그리하여 최근 몇 년간 돼지의 도축은 감소한 반면, 살아 있는 돼지의 수출은 증가했다.

게다가 덴마크가 어떤 일에 성공했다고 해서 그 일을 그대로 따라 할 수 있는 것은 아니다. 독일과 달리 덴마크에서는 자동차 업계의 로비가 강력하지 않다. 그리하여 새로 구입하는 자동차의 세율은 85~150퍼센트에 이르며, 고급 차에는 일반 자동차보다 훨씬 높은 세금이 부과된다. 코펜하겐에서만 최근 몇 년간 주차 공간 수백 개가 녹지 공간으로 바뀌었다. 하지만 독일의 관점에서 보면 (여전히) 유토피아적으로 보이는 조처들이라 하더라도 현재 독일이 당면한 문제들을 잘 보여줄 수 있다는 데 의의가 있다.

 덴마크가 경험한 것들 가운데 또 하나 주목해야 할 것은, 주민들이 참여하고, 주민들에게 직접 혜택이 돌아가는 프로젝트일수록 성공할 가능성이 높아진다는 것이다. 아울러 대도시와 인구 및 공장 밀집 지역의 에너지 전환에 대규모로 투자하는 것은 가치 있는 일이라는 것, 그리고 단기적인 결정 외에 장기적인 전략과 로드맵이 필요하다는 것도 염두에 두어야 한다.

 다른 사회에서 효과적으로 작용한 일들이 무엇인지를 알게 되면, 우리 사회를 변화시켜 나가는 데 도움이 될 수 있다. 특히 오늘날 대부분의 국가에서, 대부분의 사람들이 기후위기, 사회정의, 인종차별 등에 관심을 갖고 대책 마련에 몰두하고 있기에, 세계 곳곳에서 어떤 대처가 이루어지고 있는지 살펴보고 우리 사회에 적절한 전략을 수립하면 좋을 것이다. 이미 정부와 주민들이 힘을 합쳐 해결책을 찾는 데 성공한 지역들을 살펴보면, 우리도 어떻게 하면 좋을지 아이디어를 얻을 수 있을 것이라는 얘기다.

과거의 성과로부터 배우는 법

X를 찾기 위해 던질 수 있는 또 하나의 질문은 우리의 문제가 과거에 이미 해결된 적이 있는가 하는 것이다. X의 단서를 과거에서 찾으려 한다 하여, 모든 것이 옛날에 더 좋았다고 말하려는 것은 아니다. 예전에 어떤 대책이 효과가 있었는지를 살펴보고, 그 원칙을 참고해 현재의 문제를 해결해 나가자는 것이다.

브라질의 예로 시작해 보자. 1990년대 말, 구조적으로 취약한 국가가 제네릭 의약품을 생산하여 특허 카르텔에 맞섬으로써 에이즈와 효과적으로 싸울 수 있었음을 안다면, 오늘날 저개발 국가에서 어떻게 하면 더 많은 사람들이 코로나19와 같은 팬데믹을 이겨내기 위한 예방접종을 받을 수 있을지 생각해 볼 수 있을 것이다.

몇 년 전, 나의 동료 니클라스 솅크 Niklas Schenck가 《암 마피아 Die Krebsmafia》라는 책을 쓰기 위해 취재에 나섰을 때, 그는 국제법과 특허 규정을 바꾸는 데 결정적인 기여를 한 활동가들을 알게 되었다. 바로 마농 레스Manon Ress와 제이미 러브 Jamie Love다. 그들은 20년 넘게 더 공정한 지적재산권법을 위해 싸워 왔는데, 특히 그들이 집중한 것은 제약업계와의 싸움이었다. 솅크는 독일에서 코로나19 팬데믹이 발생한 직후 그들에게 연락했다. 에이즈 위기 때 그들이 경험한 것에서 우리가 무엇을 배울 수 있는지 알기 위해서였다. 〈쥐트도이체차이퉁〉에 실린 인터뷰에서 마농 레스는 자신의 어머니가 암에 걸렸을 때, 특허가 환자에게 늘 좋은 것은 아님을 처음 깨달았다고 말한다. 당시 항암치료 비용은 8만 달러에 달했다. 레스의 어머니는 보험에 가입되어 있지 않았고, 자녀들이 항암치료 비용을 마련하기 위해 대출을 받으려 하자 극구 말렸다. 어머니는 제약회사에 그렇게 많은 돈을 지불할 용의가 없었고, 결국 치료를 받지 못한 채 세상을 떠났다. 레스는 지적한다. "하지만 이런 약들은 생산비가 거의 들지 않아요."

제이미 러브는 암 환자들 외에도, 약 때문에 힘들어하는 환자들이 많다고 말한다. 약을 구하기 힘들거나 비용이 너무 부담되기 때문이다. 코로나19로 인해 일자리를 잃고 때로는 집까지 잃는 사람들이 생겨났다. 팬데믹이 발생했을 때 이와 같은 상황이 얼마나 오래 지속될 것인지는 검사, 약품, 백신이 얼마나 빠르게 공급될지, 그리고 이들의 비용이 감당할 만한 수준인지, 전 세계인들이 모두 쉽게 구할 수 있는지에 달려 있다. 러브는 이와 관련해 가장 큰 걸림돌이 되는 게 바로 특허와 지적재산권이라고 말한다. 지적재산권을 몰수하자는 이야기가 아니다. 대신에 그들은 코스타리카 및 WHO와 함께 다른 제안을 내놓았다. "연구에 자금을 지원하는 기관은 코로나 연구를 위한 계약서를 쓸 때 모든 연구 결과에 대한 권리를 WHO 산하 국제의약품 특허 풀에 넘긴다는 조항을 포함시켜야 한다. 그리하여 특허를 보유한 회사는 이 풀에 자발적으로 라이선스를 제공해야 한다. 그러면 세계에서 가장 능력 있는 제네릭 의약품 제조업체들이 막대한 수요량 중 일부를 공급하겠다고 할 것이고, 시장 점유율을 확보하기 위해 가격을 낮출 것이다. 독점업체의 경우, 누구와도 경쟁하지 않기 때문에 절대로 가격을 낮추지 않는 것과 달리 말이다. 이런 방식으로 우리는 제네릭 의약품을 저렴하게 구입하게 될 것이고, 그 가격은 의약품 생산비에 적절한 이윤을 더한 가격이 될 것이다. 특허를 보유한 제약회사는 전 세계에서 생산되는 모든 의약품에 대해 라이선스료를 받게 되므로 수익도 얻게 된다."

그동안 이 풀은 실제로 구축되었지만, 지금까지 주요 백신 제조업체 중 어느 곳도 자체 특허를 공유하지 않았다. 국제

앰네스티Amnesty International는 독일 정부에 '특허 임시 출원으로 출원일을 선점하게 하는 제도'를 중단하고 바이오앤테크BioNTech가 풀에 참여하게 하라고 요구했다. 바이오앤테크의 코로나 백신 연구는 수백만 유로의 세금이 있었기에 가능했기 때문이다.

백신 가격 문제는 오늘날까지 해결되지 않았다. 그럼에도 초기의 성과들이 속속 나오고 있다. 2021년 말, 스페인 최대 공공 연구 기관인 CSICConsejo Superior de Investigaciones Cientificas(고등과학연구회)는 항체 검사에 대한 라이선스를 제공했고, 미국의 제약회사 머크Merck는 코로나19 치료 약물에 대한 라이선스를 공유했다. 그리하여 이제 다양한 제조업체가 아프가니스탄, 방글라데시, 에리트레아, 소말리아 등 총 105개국에 공급할 약품을 생산해도 무방하게 되었다. 과거에 어떻게 했는지를 살펴보는 것은 우리에게 새로운 시각을 갖게 해준다. 다국적 제약회사를 상대로는 가망이 없다며 포기하는 대신, 우리는 이처럼 강력한 기업을 궁지로 몰아넣을 방법이 있음을 보게 된다. 지금까지 코로나19 백신과 관련해 그런 방법들이 성공을 거두지 못했다고 해서, 그것들이 전혀 통하지 않는다는 뜻은 아니다. 에이즈의 경우에도 실제적인 진전을 이루기까지는 수년이 걸렸다. 그리고 우리는 이 문제를 해결하기 위해 다음 단계가 필요하다는 것도 배웠다.

근로시간 단축의 예에서 과거를 돌아보면 어떤 모습일까. 우리가 하루 8시간 근무제가 언제 도입되었는지를 안다면(독일에서는 1919년에 처음 도입되었다가 몇 차례의 변동을 겪은 뒤 1960년에 다시 도입되었다), 8시간 근무제의 도입이 노동운동의 성과였음을 안다면, 이 성과가 임금 삭감 없이 주 48시간'만' 일하면 된다는 것이었음을 안다면, 이런 요구를 관철시키기 위해 90년 이상 투쟁해 왔음을 안다면, 하루 8시간 근무제 역시 영원히 지속되어야 할 필요는 없다는 걸 인식하는 데 도움이 될 수 있다.

우리는 노동운동을 통해 이미 근로시간 단축을 실현했는데, 생각해 보면 하루 15시간 노동에서 8시간 노동으로의 단축은 주 5일 근무에서 4일 근무로의 단축보다 훨씬 대담한 변화였다. 당시 노동시간 단축에 더하여 유급휴가 연장을 관철시켰던 것까지 돌아보면, 이제 다시 한 번 그와 같은 커다란 변화를 일구어 낼 수 있으며, 이를 위해 애쓸 가치가 있다는 용기를 얻을 수 있을 것이다.

또한 우리는 당시 어떤 단계를 거쳐 근로시간 단축을 이끌어 내었는지를 살펴볼 수 있고, 파업, 노사협상, 가능한 한 많은 직원들의 지지, 기업에서 근로시간 단축이 생산성에 미치는 영향을 사전 테스트하는 것 등이 얼마나 유효한지를 숙고해 볼 수 있다. 과거를 돌아보는 것은 분명 우리의 미래를 바꾸는 데 도움이 될 수 있다.

19세기 미국에서 노동운동이 한창일 때, 더 많은 자유시간을 얻기 위해 투쟁하며 불렀던 노래에 이런 가사가 있다. "생각할 시간은 결코 없어라. 우리는 햇살을 느끼고 싶네. 꽃향기를 맡고 싶네."

우리 시대에도 많은 사람들이 이런 바람을 가지고 있을 것이다. 통계에 따르면 독일인의 약 3분의 2가 직업적으로 스트레스를 받고 있다고 한다. 그들 모두가 근로시간 단축이 이미 이루어진 바 있고, 이전까지 수십 년간 전혀 불가능해 보였던 수준으로 단축된 것이었다는 사실을 안다면 어떨까. 그들 모두 혹은 그들 중 일부라도 다시 그런 변혁이 일어나게끔 힘을 보탠다면 어떻게 될까. 우리 안에 우리가 미처 깨닫지 못했던 힘이 얼마나 많이 숨어 있을까. 우리가 결정적인 정보를 알지 못하기에 끌어낼 수 없었던 힘 말이다.

이미 변화의 첫걸음을 뗀 이야기에 주목하라

우리는 이미 X를 찾기 위한 두 가지 질문을 살펴보았다. 다른 곳에서는 내가 당면한 문제를 어떻게 해결했을까. 과거에는 이 문제를 어떻게 해결했을까. 자, 이제 세 번째 질문은 지금 우리 사회를 향해 던져봐야 할 것이다. 우리가 당면한 문제를 해결하기 위해 애쓰는 사람들이 이미 있지 않을까. 그들은 어떤 경험을 했을까. 어떤 단계에서 진전을 이루었고, 어떤 단계에서 아무것도 얻지 못했을까. 그들은 그로부터 어떤 결론을 내렸을까. 우리는 종종 적절한 사람과 이야기 나누지 않기 때문에 전문 지식을 놓치는 경우가 있다. 해당 분야 경험자들의 이야기가 아니라, 권력이나 영향력을 행사하는 사람들의 말을 듣다 보면 생기는 일이다. 어떤 문제에 대해 가장 잘 아는 사람은 정치인이 아니라, 바로 이웃에 사는 사람인 경우가 많다. 실제로 그런 문제를 겪어 보거나 다루어 본 사람 말이다.

근로시간 단축 사례를 탐색하다 보면, 우리는 독일 금속노조 IG메탈^{IG Metall}이 오래전부터 이미 주 4일 근무제 도입을 요구해 왔음을 알게 될 것이다. 그 외 단체협약 협상과는 별개로, 임금 수준은 동일하게 유지하면서 근로시간 단축을 실행해 성공적으로 운용하고 있는 기업들이 이미 있음을 알게 될 것이다. 우리는 대화 상대와 함께 이런 이야기를 나누는 과정에서 '근로시간 단축'이라는 목표에 이르기 위해 다음 단계로 무엇을 해야 할지 배울 수 있다. 컨설팅 업체 대표인 라세 라인간스Lasse Rheingans는 가정과 직장 생활을 병행하며 힘든 시간들을 보낸 뒤, 2017년부터 주 25시간 근무를 실험하기 시작했다. 그는 〈한델스블라트Handelsblatt〉와의 인터뷰에서 "우리 회사에는 하루 8시간 근무하는 사람이 아무도 없다"면서, 근로시간을 단축하기 위한 첫 단계는 사무실에서 시간을 더 효율적으로 활용하는 것이라고 덧붙였다. 라인간스의 회사에서는 가능한 일이었다. 이제 회의는 15분을 넘기지 않게 되었으며, 여타 공연히 시간만 낭비하는 절차들도 과감히 생략했다. 이에 따라 약간의 구조조정도 필요했다. 그는 직원들의 능력과 재능에 부합하는 업무일수록 짧은 시간 내에 끝내는 게 쉬워진다면서, 근로시간 단축이 성공하기 위해서는 한마디로 '맞는 걸 늘리고, 잘못된 건 줄이는 것'이 핵심이라고 말한다. 그 원칙은 잘 작동했으며, 직원들은 더 창의적이게 되었고, 더 행복해졌다.

독일이 2035년까지 탄소중립을 이루어 '1.5도 목표'를 달성해야 한다는 문제에서도, 우리는 오래전부터 그와 부합하는 정책을 실행하기 위해 힘써 온 사람들에게서 배울 수 있다. 가령 '프라이데이포퓨처Fridays For Future' 운동을 벌이고 있는 기후활동가 루이자 노이바우어Luisa Neubauer는 독일의 언론사들이 자체 기후 전담 부서를 둘 것을 촉구한다. 그렇게 해서 기후위기가 얼마나 시급한 문제인지, 그 문제를 해결하기 위해 행동에 나서는 것이 얼마나 절실한지를 알리는 한편, 시민들에게 과학적 맥락과 필요한 조치들에 대해 더 나은 정보를 제공해야 한다는 것이다. 노이바우어는 지금까지 기후 관련 보도는 그리스의 산불, 독일에 쏟아진 100년 만의 기록적 폭우, 베를린에서 벌어진 대규모 시위 등 눈에 띄는 개별적 사건 위주로 이루어졌다고 비판한다. "매일 약 천 만 명의 뉴스 시청자들이 전문가들로부터 그날의 증시 현황에 대해 상세한 보도를 듣지요. 많은 사람들에겐 먼 나라의 이야기처럼 느껴지는 뉴스인데도요. 반면, 우리 삶의 기초, 존재의 근간을 이루는 문제에 대해서는 얼마나 다루나요? 외신 기자가 몇 분간 재앙에 가까운 홍수에 대해 언급할 때뿐입니다." 상황이 이렇다 보니, 시청자들에게도, 언론인들에게도 기후위기에 대한 포괄적인 이해가 생겨나지 않는다. 기후 전담 부서를 만들면 이 문제에 대해 좀 더 전문적으로 접근할 수 있으리라는 것이 노이바우어의 생각이다. 예전 〈차이트 온라인Zeit

Online〉의 수석 편집장을 지냈고, 현재 〈가디언Guardian〉의 디지털 전략 팀장이자 콘데 나스트Conde Nast 미디어 그룹의 해외 팀장으로 일하는 볼프강 블라우Wolfgang Blau도 기후 전담 파트의 필요성을 강조한다. 블라우는 기후 위기 관련 충분한 식견을 갖춘 저널리스트를 찾기가 힘들다고 말한다. 그런 저널리스트는 과학적 전문 지식을 갖춰야 할 뿐 아니라, 정치적 프로세스가 어떻게 이루어지는, 구조적 변화는 어떻게 일어나는지 알아야 하기 때문이다.

우리는 정부의 지지부진한 행동과 별개로, 각자 자신의 도시에서 탄소중립을 이루기 위해 노력하는 사람들을 통해 X를 찾을 수도 있다. 2019년 5월 2일, 콘스탄츠Konstanz는 독일 최초로 기후 비상사태를 선포했다. 그러자 같은 달에 11개 도시가 그 뒤를 이었고, 이는 뮌헨과 베를린 같은 대도시를 포함해 연말까지 69개 도시로 늘어났다. 이들 도시는 모두 2035년까지 탄소중립을 달성하겠다고 천명했고, 일부 도시는 목표 시점을 더 앞당겨 잡았다.

가령 에를랑겐Erlangen은 2030년에 탄소중립을 이루겠다는 목표를 세웠고, 이미 50개 이상의 긴급 조치를 시행하기로 결의했다. 지속가능성자문위원회라는 전문가 집단과 에를랑겐 주민들의 적극적인 지지를 기대하고 있는데, 후원 프로그램을 통해 매년 6만 5000유로를 시민들의 기후보호 프로젝트에 지급할 예정이다. 나무를 심고자 하는 사람은 추가 지원금을 신청할 수 있으며, 프로젝트당 최대 5000유로를 지급받을 수 있다. 시에서는 주민들에게 집뿐 아니라 일터에서도 건물 외벽, 지붕, 마당, 주차장 등을 최대한 푸르게 만들라고 권고한다. 이를 돕기 위해, 시는 어디에 어떤 식물을 심는 게 좋은지 세부적인 정보도 제공하고 있다. 정원이 없는 사람들은 공공장소에 있는 나무들을 입양해 돌볼 수 있으며, 온라인 나무 레이더를 통해 새로운 나무를 어디에 심는 것이 좋을지 제안할 수 있다. 집을 리모델링하거나 신축하고자 하는 사람은 무료 상담을 받을 수 있는데, 주민들은 온라인에 마련된 '태양에너지 등록부'를 몇 번 클릭하는 것만으로 자기 집 지붕에 태양광 패널을 설치하는 게 좋은지, 지역 내 특정 지점의 태양광이 얼마나 강한지를 알아볼 수 있다.

또한 에를랑겐에서는 차량 진입 제한 구역을 늘리는 한편, 차량 공유 서비스를 확대해 나갈 예정이다. 2025년까지는 최소 6100개의 자전거 주차 공간을 만들 계획인데, 화물 자전거와 자전거 트레일러를 구매하는 경우 보조금이 지급되며, 전기 화물 자전거를 온라인으로 한 번에 며칠간 무료로 대여할 수도 있다. 전기 자동차 충전소는 이미 40여 곳에 설치되어 있고, 필요에 따라 차츰 충전소 수를 늘려 나갈 계획이다. 한편 시내버스는 전기차로 전환하고, 공공 기관이나 공영 기업 건물에 쓰이는 전력은 완전히 친환경 전기로 전환할 방침이다. 학교와 어린이집에서는 환경 교육을 강화하고, 우리 미래 분야와 연관된 훈련, 여가 활동, 워크숍 등을 적극 실시해 나갈 예정이다. 아울러 교외의 풍력 및 수력 발전을 통해 재생 에너지의 사용을 대폭 늘려가고자 한다.

에를랑겐은 자기 도시에 대한 기후보고서도 의뢰해 그 결과를 받았는데, 연간 이산화탄소 감축률을 1.25퍼센트에서 11.74퍼센트로, 즉 거의 10배 늘려야 목표를 달성할 수 있는 것으로 나타났다. 실제로 목표를 이룰지는 2030년이 돼야 알게 되겠지만, 우리는 에를랑겐이 계획하고 실행한 일들을 통해 변화를 가져오려면 포괄적으로는 어떤 조치가 필요하고, 그 첫 단계로 어떤 일들을 해 나가야 할지 배울 수 있다.

이제 우리는 X를 찾기 위해 꼭 저널리스트일 필요는 없다는 사실을 알게 되었다. 지금까지 살펴본 모든 정보는 이미 공개되어 있다. 다만 뉴스에 보도되지 않았고, 우리가 해결책을 찾는 데 익숙하지 않은 까닭에 간과했을 따름이다. X를 찾는다는 것은 늘 새로운 사실이나 현실을 만들어 내는 일이 아니다. 오히려 이미 오래전부터 존재해 온 사실을 가시화하는 일일 때가 많다. 이때 중요한 것은, 세상을 부정적인 것에만 초점을 맞춘 한쪽 눈이 아니라, 양쪽 눈으로 바라보는 것이다.

이상적인 미래를 그려보는 일의 중요성

우리가 바라는 이상적인 상태가 너무 먼 미래에 놓여 있다 보니 X를 미래에서 찾아야 하는 경우도 있다. 즉 우리에게도, 다른 지역에도, 과거에도, 해당 분야에서 경험이 많은 사람들에게도 해결책이 없을 때 말이다. 이런 경우, 우리는 미래 예측 전문가들과 이야기 나눌 수 있고, 학자들에게 자문을 구할 수 있으며, 그들의 연구를 읽어볼 수도 있다.

나의 세미나는 참가자들이 돌아가며 자신의 문제를 발표하는 것으로 시작하여, 며칠 안에 적절한 X를 찾는 것으로 이루어진다. 어느 여름, 창문을 활짝 열어 놓고 세미나를 진행하는데, 한 저널리스트가 문제를 발표할 차례가 되었다. "여러분, 제 문제가 무언지 알고 싶다면, 잠시 이야기를 멈춰 주세요." 우리는 침묵했고, 세미나실에는 정적이 흘렀으며, 창문 밖에서 자동차 지나가는 소리가 들렸다. 그러자 그가 입을 열었다. "제 문제는 바로 이겁니다. 소음이에요. 이 도시 어디에 있든, 우리는 자동차 소리를 듣고 삽니다." 그가 원하는 이상적인 상태는 바로 자동차 소리가 들리지 않는 도시다. 자동차가 거의 없고, 남은 소수의 자동차는 전기차라서 소음이 들리지 않는 도시 말이다.

그가 바라는 이상적인 상태로 가려면 어떤 X가 필요할까. X를 알아내기가 쉽지 않았다. 우리는 머리를 맞대고 아이디어를 모으는 가운데, 보행자 구역 확대, 무료 이용 대중교통 증편, 전기 자전거 이용, 전기 자전거 이용 네트워크 확대 및 자전거 도로 개선 등 자동차 소음을 줄일 수 있는 각종 조치와 프로젝트를 떠올렸다. 그러나 자동차 소음에서 완전히 자유로운 도시를 만들 수 있는 방법은 생각나지 않았다.

아이디어를 주고받던 도중, 해당 문제를 제기한 저널리스트는 며칠 뒤 덴마크의 전문가 한 사람과 약속이 잡혀 있다고 말했다. 전문가와 인터뷰하는 내용이 라디오로 방송될 예정인데, 세미나 참가 전까지만 해도 그에게 우리 시가 교통 계획에서 어떤 실수를 저질렀고, 그로 인해 어떤 결과가 초래됐는지를 물어볼 계획이었다는 것이다. 하지만 그의 말을 들은 우리는 세미나를 통해 다른 아이디어를 냈다. 저널리스트가 전문가와 함께 시내를 산책하면서, 완벽하게 자동차가 없는 도시는 어떤 모습일지 설명을 들어보자는 것이었다. 실제로 도시 곳곳을 거닐며, 자동차가 없으면 거리의 모습이 어떻게 변할지, 그렇게 변화하려면 구체적으로 어떤 일들이 필요할지, 비용은 얼마나 들지, 그것이 얼마나 현실적일지 들어보는 것이다.

저널리스트와 전문가의 산책길은 라디오 방송에 나갈 분량의 전반부에 해당되었고, 후반부에서는 저널리스트가 지역 정치인들과 만나 시행하기에 가장 용이한 조치는 무엇인지, 시행 가능한 시점은 언제인지, 시행에 필요한 자금은 어떻게 마련할 수 있는지 질문하기로 했다. 전반부와 후반부가 합쳐져 비판적이면서도 건설적인 라디오 보도가 탄생할 것이었다. 문제를 지적하는 데 그치는 것이 아니라, 이를 어떻게 다루어야 할지 비전을 제시하는 보도가 될 수 있었던 것이다. 다시 말해, '문제+X'로 이루어진 보도인 셈이다.

'문제+X' 보도는 단순히 문제만 제기하는 보도보다 시간과 에너지가 많이 든다. 대충 넘어갈 수가 없기 때문이다. 하지만 그만한 가치가 있다. 위험과 위협요소만 전달하지 않고, 그것들을 어떻게 극복하고 변화해 나갈 수 있을지 말해주기 때문이다.

현실을 변화시키려면, 관점을 먼저 바꿔야 한다

우리는 경우에 따라 근본적으로 다른 질문을 던짐으로써 X를 찾는다. 달팽이 예에서 이미 살펴본 바 있다. 달팽이를 평화롭게 제거할 길이 없다면, 달팽이가 존재한다는 사실을 받아들이는 것도 한 방법이 될 수 있다. 질문을 '어떻게 하면 텃밭의 달팽이를 없앨 수 있을까?'에서 '어떻게 하면 텃밭의 달팽이로 인한 분노를 없앨 수 있을까?'로 바꾸는 것이다.

나는 40년 넘게 이어져 온 아프가니스탄 전쟁을 다룬 4부작 다큐멘터리를 열여덟 살짜리 친구와 함께 시청하면서 시각을 바꾸는 것이 얼마나 중요한지를 경험했다. 그는 아프가니스탄 출신으로 10대 때 부모 동반 없이 독일로 이주한 아이였다. 아프가니스탄 전쟁 다큐멘터리는 각각 10년씩 다룬 네 파트로 구성되어 있었고, 우리가 함께 본 부분은 그가 태어나기 훨씬 전인 1980년부터 1990년까지의 이야기였다. 다큐멘터리는 다룰 수 있는 모든 측면에서 전쟁을 조명했고, 많은 증인들과 인터뷰했다. 전쟁에 관여한 사람들, 전범, 외교관, 정치인 등 대표적 증인들이 인터뷰했고, 인터뷰 사이사이에 세심하게 조사되어 잘 정리된 아카이브 자료가 제시되었다. 그중 몇몇 자료들은 이 다큐멘터리에서 처음 공개되는 것들이었다.

다큐멘터리는 전문적으로 제작되었고, 흥미진진한 해설이 곁들여졌다. 게다가 새로 공개되는 아카이브 자료들과 유명한 인터뷰이들로 인해 많은 주목을 받았다. 그래서 우리도 이 다큐멘터리를 보게 된 것이다. 그런데 다큐멘터리가 미처 끝나기도 전에 아프가니스탄 친구가 울기 시작했고, 한동안 울음을 멈추지 않았다. 그러고는 어느 순간 이렇게 말했다. "우리나라는 늘 전쟁 중이었고, 여전히 끝나지 않았는데, 이 모든 게 다 무슨 소용이 있을까요?" 나는 그를 안고 토닥여 주었다. 하지만 오래도록 울음을 그치지 않았다. 그 뒤 나는 아프가니스탄에서 평화를 이루기 위해 계속된 40년간의 노력에 대한 다큐멘터리 영화를 만들면 좋겠다고 생각해 왔다. 결국 평화에 이르지 못했다고 해서, 평화를 위한 노력이 존재하지조차 않았다고 말할 수는 없다. 그런 노력들이 평화를 가져오지 못했다고 해서 아무런 의미가 없는 것은 아니며, 그로부터 아무것도 배울 수 없는 것 역시 아니다. 우리가 성공한 자, 힘 있는 자, 승리한 자에 대해서만 이야기한다면 인류에게 무슨 도움이 되겠는가.

물론 전쟁에만 초점을 맞추면 이야기하기가 수월해지고, 취재하기도 더 쉬워진다. 하지만 그것이 사회적 측면에서나 인간적 측면에서 우리를 더 발전시키는 관점일까. 전쟁을 일으킨 자들의 전쟁 이야기를 듣는 것보다, 전쟁을 막기 위해 온갖 노력을 기울인 사람들의 이야기를 듣는 것이 더 낫지 않을까. 전쟁을 일으킨 이유와 전쟁의 진행과정을 설명하는 군벌과 전범의 이야기보다, 어떤 노력들이 평화에 도움이 되었는지를 보여주는 평화 운동가들의 이야기에서 더 많은 것을 배울 수 있지 않을까? 우리가 계속해서 폭력, 전쟁, 파괴의 관점에만 귀 기울일 경우, 그것은 우리의 정치적 노력과 방향에 어떤 영향을 미칠까.

만약 X를 찾기가 힘들다면, 그건 우리가 스스로에게 던지는 질문에 문제가 있기 때문일 수도 있다. 그런 경우에는 생각을 완전히 거꾸로 뒤집어, 출발점에서부터 건설적인 태도를 취하는 것이 도움이 될 수 있다.

주요 종교인들과 함께한 영적 리더십 세미나에서, 한 개신교 목사는 자신의 종교가 부정성을 강조하는 모델에 기초하고 있다는 느낌이 든다고 말했다. 모토에 따라 천국에 구원이 기다리고 있다면, 지상의 삶은 그다지 좋은 것일 수 없고, 좋은 것이어서도 안 된다는 것이다. 그런 까닭에, 그는 건설적인 사고로의 전환이 중요하다는 걸 깨닫고 그렇게 하기를 갈망했지만, 교회에서 일하는 동안은 그런 변화를 꾀하기가 어려웠다고 털어놓았다. 그는 자신의 종교와 그 교리 안에서 건설적인 서사가 가능하기는 한 건지 잘 모르겠다고 덧붙였다.

우리는 잠시 시간을 내어 함께 생각하고 이야기했다. 그러다가 어느 순간, 우리는 교회와 교회 공동체가—이 종교와 조화를 이루는—X를 찾기 위해 함께 고민하고 질문을 던지는 완벽한 장소가 될 수도 있다는 생각에 이르렀다. 설교자가 강단에 서서 고상한 태도로 새로운 해결책을 제시하는 것이 아니라, 허심탄회하면서도 열린 태도로, 솔직하게, 약한 모습을 드러내는 가운데 자신이 생각하는 문제를 이야기할 수 있지 않겠느냐는 생각이었다. 즉, 우리가 너무 부정적인 것에 초점을 맞추고 있는데, 교회 공동체가 어떻게 하면 좀 다른 길을 갈 수 있을지를 함께 논의할 수 있으리라는 것이었다.

우리는 어떻게 하면 일방적인 설교가 아니라, 대화와 살아 있는 토론을 할 수 있는지를 함께 모색해 보았다. 어떻게 하면 공동체 구성원들이 함께 비판적이고 건설적인 길로 나아가, 매주 교회에서 X를 찾아 나갈 수 있을지를 말이다. 우리는 어떻게 하면 서로 대화를 나누고, 서로의 말을 경청하고, 서로에게 배우고, 성공의 경험과 좌절의 순간을 공유할 수 있을지를 상상했다. 그런 과정을 경험하고 느끼는 것만으로도 지나친 부정성에 대항하기 위한 최초의 X가 될 수 있지 않을까 했다.

사실 '문제+X'라는 공식은 굉장히 간단하다. X를 찾을 수 있는 규칙 역시 간단하다. 그럼에도 일상에서 이 공식의 원칙을 내면화하기까지는 약간 시간이 걸릴 것이다. 우리는 스스로에게 인내심을 가져야 한다. X를 찾으려 하는 것이 이미 변화로 나아가는 큰 걸음을 내디딘 것이나 마찬가지다. 그러니 혹 부정성이 다시 들고 일어나더라도 낙심하지 말라. 우리가 계속해서 부정적인 것에 집중하는 건 당연한 일이다. 우리의 뇌는 부정적인 생각에 익숙해져 있고, 환경은 이러한 습관을 유지하는 데 많은 영향을 준다.

변화는 결국 자신에게서 시작된다

약 10년 전 사람들에게 용기를 주는 방식으로 이야기를 전달해야겠다고 생각하고, 그 방법에 관심을 기울이기 시작했을 때, 이상하게도 부정적인 것에 초점을 두는 현상이 직업 영역에서 사생활 영역으로 옮겨갔다. 기사에 부정적인 이야기만 쓰지 않으려고 신경 쓸수록, 친구들과 가족들에게는 세상에 대해 더 많은 불평을 늘어놓기 시작했다. 나는 불의하고 불공평한 상황에 대해 불만을 분출하는 방향만 살짝 틀었던 것이다. 그리하여 내 기사는 좀 더 건설적인 방식으로 나아갔던 반면, 내 삶에는 전에 없이 많은 문제가 쌓여 갔다. 일상에서 다른 사람들과 나누는 대화에서도 그러했다.

어느 순간, 나는 균형을 잃었음을 깨달았고, 삶에서도 X를 찾기 시작했다. 그런데 내가 이 일을 더 의식할수록, X를 찾지 않는 사람들에게 화가 났다. 내가 그런 이들을 보고 흥분하는 것은 내면의 분노를 표출하는 다른 방식일 뿐이며, 현 상황을 변화시키는 데 전혀 도움이 되지 않는다는 걸 깨닫기까지 시간이 좀 걸렸다.

지금까지도 나는 내가 겪은 일들 중 자꾸 부정적인 일들만 이야기하는 버릇이 있다. 그와 전혀 다르게 말하고 행동하도록 훈련해 왔는데도 말이다. 하지만 내가 오래된 버릇에서 벗어나 다르게 말하는 데 성공할 때마다 대화 방식, 내용, 분위기가 얼마나 달라지는지 체감하곤 한다. 그러면 나는 뿌듯한 마음으로, 변화에는 시간과 인내가 필요하다는 걸 상기한다.

이 책을 쓸 때도 나는 자꾸 부정적인 덫에 걸려들곤 했다. 처음으로 장을 정하고, 윤곽을 잡을 때, 나는 하루 종일 부정적인 뉴스를 소비할 생각이었다. 그런 뉴스들이 세상을 바라보는 시각에 얼마나 큰 영향을 미치는지를 다시 한 번 생생하게 체감하기 위해서였다. 하지만 나는 글을 쓰기 시작하면서 그렇게 하지 않기로 결정했다. 내 안의 무언가가 건설적인 이야기 전달을 주제로 한 책을 쓰면서 부정적인 뉴스의 소나기를 맞으며 시작하는 것을 거부했기 때문이다.

책을 쓰는 동안 가끔 길을 잃기도 했다. 특히 배고프거나 피곤하거나 기분이 좋지 않은 날에는 이 책을 끝낼 수 있을지 의문이 들었다. 좋은 책이 될 수 없을 것 같았고, 이 주제와 관련된 모든 이야기들은 이미 다루어지지 않았을까 하는 생각이 들었다. 게다가 결정적으로, 요즘 누가 책을 읽을까 하는 마음마저 들었다.

지금 그때의 생각들을 떠올리다 보니, 너무나 터무니없어 보여 웃음이 난다. 하지만 당시에는 그 생각들이 너무나 현실적으로 보였다. 부정적인 생각의 덫에 빠져 어둠속에 홀로 남겨진 것 같을 때, 우리는 그렇게 될 수밖에 없다.

그런 순간들에는 이미 이룬 일들에 집중하는 것이 도움이 된다. 부족한 부분, 모자란 부분에 집중하는 대신, 이미 해낸 일들을 눈앞에 그려보는 것이다. 책 쓰기의 경우, 이미 완성한 내용들, 정리해 놓은 생각들, 메모해 놓은 키워드나 인용문들, 머릿속에 살아 있는 아이디어들, 다른 사람들과 나누었던 생각들, 그동안 읽은 책들, 내면에 쌓여 있는 경험들이 모두 도움이 된다. 그 모든 것들을 불러내면, 문장이 자연스럽게 나온다.

린츠에서 열린 첫 세미나를 마치며, 나는 참가자들에게 세미나가 그들에게 어떤 변화를 가져왔는지, 지금 기분은 어떤지, 변화를 위한 첫걸음으로 무엇을 하고 싶은지 말해 달라고 요청했다. 소감 발표가 끝나갈 무렵, 한 기자가 이렇게 말했다. "너무 많은 기사에서 X를 찾는 걸 빠뜨렸던 걸 생각하니 짜증이 나요." 하지만 자신이 한 말에 웃음을 터뜨리며 다시 이렇게 덧붙였다. "이제부터 X를 찾을 일을 생각하니 정말 기대됩니다."

'다른' 이야기를 위한 사고 실험 5

자신이 생각한 문제들과 문제가 해결된 이상적인 상태를 기록해 보라.
그런 다음, 이상적인 상태로 변화하기 위해 필요한 X를 찾아보라.
머릿속에 떠오르는 내용을 적어 보라.
원한다면, 10분 혹은 1시간으로 시간제한을 두는 것도 좋다.
하루 종일 혹은 일주일 동안 다른 사람들과 X에 대해 다각도로 이야기해
볼 수도 있다. 최고의 아이디어는 이런 대화 가운데 떠오를 때가 많다.

X를 몇 가지 찾았다면 기록해 두고, 그 목록을 다시 한 번 읽어 보라.
문제에 대한 당신의 생각이나 느낌이 바뀌었는가. X 하나를 실제로
실행에 옮겨 보라.
어떤 것을 실행에 옮겨야 할지 결정하기 어렵거나, 실행할 용기가 나지
않는다면, 행동하고 싶은 마음이 들 때까지 목록을 반복해서 읽어 보라.

무엇이든 자신이 이루어 낸 것을 축하하라.
그리고 X를 찾을 때마다 기록함으로써 목록을 만들어라.
새로 알게 된 사실을 요약해 메모해도 좋고, 당신이 시도한 구체적인
행동을 적어도 좋다. 모든 것이 중요하다.
기록해 둔 목록은 당신이 계속해서 X를 찾도록 동기를 부여해 줄 것이며,
다시 부정적인 덫에 빠지는 기분이 들 때에도 도움을 줄 것이다.

06

나쁜 소식은 이야기의 끝이 아니라
시작에 불과하다

구름 없이 비가 내릴 수 없고,
물 없이 나무가 자랄 수 없고,
나무 없이 종이를 만들 수 없으니,
여기 구름이 있어
이 책이 쓰인 것이지.
이 글은
구름에 기대고 있네.

_ 틱낫한

'대안이 없다'는 생각을 깨뜨리는 법

이 책을 쓰기 시작한 지 몇 달 정도 되었을 때, 잘 아는 분이 뇌종양 진단을 받았다. 스페인에 사는 캐롤라인인데, 당시 그는 70세였다. 뇌종양 진단을 받기 전 해, 캐롤라인은 엉덩이에서 암세포가 발견되어 항암치료를 받느라 머리카락이 전부 빠질 정도로 고통을 겪었다. 몇 주간 입원 치료를 받으며 비참하고 힘겨운 시간을 보낸 끝에, 그는 결국 암을 이긴 것처럼 보였다. 항암치료로 종양의 크기가 확연히 줄어들어서 수술로 제거 가능한 상태가 되었다. 담당 의사들이 바라던 대로였다.

캐롤라인은 다시 건강해졌다. 본인도 그렇게 생각했고, 우리도 모두 그렇게 생각했다. 그런데 그 이후 두통과 시력 장애, 기억력 감퇴가 찾아왔다. 검사 결과, 이는 새로운 뇌종양으로 인한 뇌출혈로 일어난 증상이었다. 너무나 힘겹게 삶을 되찾았던 캐롤라인에게 끝이 다가오고 있었다. 며칠이 걸릴 수도 있었고, 몇 주가 걸릴 수도 있었다. 언제 죽음이 닥칠지 알 수 없었다. 의사는 항암치료가 그리 도움이 되지 않을 거라고 말했고, 이제 그는 남은 삶의 양이 아니라 질이 중요하다고 생각했다. 캐롤라인이 시한부 선고를 받고 며칠 지나지 않았을 때, 그의 아들은 어머니가 너무나 강하고 긍정적인 태도를 보이고 있어 자신은 절망을 느낄 틈도 없다면서, 그저 어머니와 함께 보내는 시간들이 감사하다고 말했다.

캐롤라인은 자신이 아끼는 모든 이들을 초대하기로 하고 우리를 비롯한 여러 사람들에게 초대장을 보냈다. 초대장에는 이렇게 씌어 있었다. "축하를 위한 자리, 파티를 위한 자리, 작별을 위한 자리, 그리고 무엇을 위한 자리?" 그의 형제자매, 아들, 며느리, 손녀가 영국과 프랑스에서 찾아와 주었고, 친구들이 스코틀랜드와 미국에서 찾아와 주었다. 물론 그가 사는 마을 주민들도 찾아왔다. 여러 주 동안, 많은 사람들이 캐롤라인의 집에 드나들었다. 캐롤라인은 하루 두 번, 그늘진 테라스에 놓인 긴 테이블로 식사를 하러 나왔고, 그 사이에는 거실 침대에 누워 손님들에게 이것저것 물었다. "요즘은 뭐하고 지내?" "아들은 잘 있지?" "새로 사귄 사람은 어떻게 만났어?" "최근 너희 나라의 정치적 이슈는 뭐야?" 캐롤라인은 손녀에게 이야기책을 읽어주었고, 음악을 하는 친구와 몇 시간씩 노래를 불렀으며, 가장 가까운 친구의 손녀에게 줄 조끼를 뜨개질했다. "물론 이 조끼를 완성하지는 못할 거야. 하지만 친구가 이어서 해 주겠지." 그렇게 지내는 동안, 캐롤라인은 내내 극심한 통증에 시달렸고, 때로는 환각 증세도 보였다. 그럼에도 그는 누군가와 이야기를 나눌 때면 늘 환하게 웃었다. 시종일관 농담을 건네며, 방문한 모든 이에게 시간을 내어주었다.

캐롤라인은 도무지 죽어가는 사람 같지 않았다. 때로는 그가 받은 진단이 믿기지 않을 정도였다. 그의 태도와 몸짓과 표정은, 내가 이전까지 죽음을 코앞에 둔 사람들에게서 보았던 것과 사뭇 달랐다. 캐롤라인과 대화하면서, 나는 그가 자신의 운명에 동의하지 않고 있음을 느꼈다. 그는 살고자 했고, 하루하루 아름다운 나날이 계속될수록 삶에 대한 의욕이 더욱 살아나는 듯했다. 그는 포기하지도, 체념하지도 않았다. 지치고 슬펐지만, 그럼에도 늘 자신의 상황에서 아름답고 긍정적인 것을 찾아냈다.

캐롤라인은 자신에게 남은 시간을 어떻게든 최고의 시간으로 만들었다. 그뿐 아니라, 그런 태도를 통해 자신을 방문한 사람들에게도 선물을 줄 수 있었다. 찾아온 사람들 중에는 10년 넘게 만나지 못한 사람들도 있었고, 단 한 번도 만난 적 없는 사람들도 있었다. 그리하여 작별을 위해 모인 몇 주간, 오랜 우정들이 되살아났을 뿐 아니라, 새로운 우정이 맺어지기도 했다. 조용한 시간을 틈타 이런 시간을 마련해 준 캐롤라인에게 감사의 인사를 전하자, 그는 이제 시작일 뿐이라며, 앞으로 우리에게 아름다운 만남의 시간들이 더 많이 기다리고 있을 거라고 말했다.

팬데믹 기간 동안 서로 만나지 못하고, 기껏해야 원격으로 연락을 이어오던 우리가 이렇게 한자리에 모이게 된 것이 우연은 아니라는 느낌이 들었다. 캐롤라인의 유산이라는 생각, 다시 말해 그가 없었다면, 그의 죽음이 임박하지 않았다면 가능하지 않았을 연대와 우정의 자리라는 생각이 든 것이다. 그렇다고 해서 캐롤라인의 죽음이 덜 비극적이거나 덜 슬퍼지는 건 아니었다. 오히려 정반대였다. 우리가 함께한 시간이 사랑스럽고, 편안하고, 친밀할수록, 임박한 상실이 너무나 아프게 느껴졌다. 그래서 나는 거의 매일 아무도 없는 한 구석에서 한참 울고 나오곤 했다. 다른 사람들도 그랬을 것이다.

캐롤라인의 죽음이 가져다준 연대와 우정의 아름다움이 슬픔을 능가하는 것은 아니었지만, 그럼에도 그런 아름다운 날들은 무자비한 죽음을 받아들이고, 죽음을 우리 삶의 일부로 받아들이는 데 크나큰 도움을 주었다.

캐롤라인의 초대를 받은 뒤, 스페인으로 가지 못할 이유를 찾는 건 쉬운 일이었을 것이다. 그가 사는 안달루시아는 위험 지역이었고, 우리는 이미 약속해 놓은 일들로 바빴다. 캐롤라인의 말마따나, 하나의 삶이 끝난다고 해서 다른 삶이 자동으로 멈추는 것은 아니다. 우리가 그냥 독일에 남아 있었다면, 죽음을 직시하지 않아도 되니 모든 게 더 수월해졌을지도 모른다. 이별의 아픔 역시 훨씬 덜 느꼈을지도 모른다. 하지만 정말 그렇게 했다면, 우리는 캐롤라인의 죽음을 받아들이기가 더 어려웠을 것이다. 또한 죽음이 가져다준 긍정적인 면모, 즉 그가 만들어준 연대와 우정의 시간도 함께하지 못했을 것이다.

좋은 것을 보기 위해 나쁜 것에는 아예 눈을 감아 버리는 건 아무런 도움이 되지 않는다. 주변에서 일어나는 문제, 난관, 불의를 딛고 성장하려면, 우리는 둘 다 살펴봐야 한다. 문제와 X를 모두 살펴봐야 한다는 얘기다.

건설적인 저널리즘은 긍정적인 것만 보도하는 걸 의미하지 않는다. 문제만 보도하지는 말자는 이야기다. 문제를 제기하는 것 자체는 타당하다. 해결책을 논하려면 우선 문제를 진단해야 한다. 늘 '문제'와 '가능한 해결책' 모두를 고려해야 한다. 그래야만 하나의 주제를 양쪽 측면에서 조명할 수 있고, 그렇게 해야 세상을 있는 그대로 볼 수 있다.

이는 정치 분석과 논평, 르포타주와 탐사 취재 등 모든 형태의 저널리즘에 적용된다. 우리가 특정 문제를 해결할 수 있다는 걸 보여주면, 그 문제를 책임지고 있는 사람들에게 압력을 가할 수 있다. 문제에 직면했을 때, 책임자들은 당면한 위기가 너무 크고 놀라운 데다 극복하기 어려운 일이라 달리 어찌해 볼 방도가 없다고 주장하곤 한다. 유감스럽지만 자신들이 할 수 있는 일은 없다고 말하는 것이다. 하지만 사실 그 말은 '유감스럽게도 아무것도 하고 싶지 않다'는 뜻이다. 힘 있는 사람들이 '우리로서는 어떻게 해 볼 수가 없다'고 말한다면, 그 말을 비판적으로 해석하라. 그리고 할 수 있는 한, 그들에게 질문하라.

가령 담배업계는 대기 오염이 만연하니, 담배를 피우지 않아도 우리의 폐는 어차피 오염되어 있다고 주장해왔다. 유감스럽게도 자신들은 할 수 있는 일이 없다면서 말이다. 볼프강 블라우는 기후위기와 관련해서도 이와 비슷한 현상을 볼 수 있다고 말한다. 오랫동안 고의로 잘못된 정보를 동원해 기후변화 같은 건 전혀 없다고 주장했던 사람들이 이제는 기후위기가 너무 심각해서 이미 손쓸 수 없다고 말한다는 것이다.

우리는 문제 해결 방법을 취재하고, 보도하고, 논의함으로써 '대안이 없다'는 생각을 깨뜨릴 수 있다. 건설적인 시각으로 권력자들과 맞서는 것이야말로 그들이 본연의 책무를 다하도록 만드는 효과적인 방법이다. 사회적, 정치적 논쟁에서도 마찬가지다. 우리는 무엇이 잘못되고 있고, 누가 잘못하고 있는지 보여주는 데 그치지 않고, 가능한 해결책은 무엇인지에 대해 토론해야 한다. 그렇게 한다고 해서, 논의가 지지부진해지거나, 쟁점이 약화되거나, 흥미가 줄어들지는 않을 테니 염려 말라. 단 하나의 해결책만 있는 경우는 없기 때문에, 열띤 논의의 장이 열릴 것이다.

옳고 그름을 너무 쉽게 판단해서는 안 되는 이유

나는 카불에서 지낼 때 원고를 써서, 2015년에 《하필 카불 Ausgerechnet Kabul》이라는 책으로 출간했다. 오늘날까지 나는 이 책으로 낭독회에 초대받고 있는데, 거의 모든 행사에서 이런 질문을 받는다. 독일연방군 아프가니스탄 파병은 잘한 일인가, 잘못한 일인가. 나는 누군가 이런 질문을 하는 걸 이해하고, 나 역시 스스로에게 같은 질문을 던지곤 하지만, 명확하게 답하기는 힘들다. 나는 모든 종류의 군사적 개입을 회의적으로 보는 편이고, 한 국가가 다른 국가를 '구하기' 위해 군사 작전을 펼친다는 말을 믿지 않는다. 대부분의 경우 실은 다른 국가를 억압하고 착취하기 위한 조치이기 때문이다. 그럼에도 독일연방군을 비롯한 여러 국가들의 군대가 아프가니스탄에 주둔한 일을 전적으로 잘못된 일이라고 말할 수는 없다. 파병이 없었다면 상황이 어떻게 전개되었을지 알 수 없기 때문이다.

내가 말할 수 있는 것은, 독일 정부가 파병 전에 설정한 몇몇 모호한 목표들이 이루어지지 않았다는 것, 나토의 개입으로 인해 많은 독일 군인들과 그보다 훨씬 더 많은 아프가니스탄 사람들이 죽었다는 것, 2021년 서구의 군대가 철수한 뒤 탈레반이 그 어느 때보다 더 강력해졌다는 것이다. 그러나 군사적 개입이 없었다면 얼마나 많은 사람들이 죽었을지 우리는 알지 못한다. 아무도 알 수 없다.

오해하지 말라. 나는 독일연방군이 아프가니스탄에 주둔하든 말든 그건 중요한 쟁점이 아니라고 말하려는 게 아니다. 그보다는, 우리가 어떤 일에 대해 옳다거나 그르다는 판단을 너무 쉽게 해서는 안 된다는 것이다. 이는 연방군 파병뿐 아니라 다른 대부분의 정치적 문제에도 해당되는 이야기다. 우리는 이런 문제에 대해 더 자세히 살펴볼 수 있다. 어떤 실수가 일어났는지, 왜 그런 실수가 일어났는지, 어떻게 하면 앞으로 그런 실수를 피할 수 있을지 살펴볼 수 있는 것이다. 또한 우리는 군대 파병 전에 그 전제 조건으로서 구체적이고 검증 가능한 목표를 제시해 줄 것을 정치인들에게 요구할 수 있고, 매년 목표를 어느 정도 달성했는지 점검할 수 있으며, 각각의 목표 달성이 그것을 위해 동원된 폭력을 정당화시키는지도 점검할 수 있다. 파병 기간 동안 투입된 비용이 효과적으로 사용되었는지도 점검할 수 있다. 예산이 낭비되고 있지는 않은지, 부패한 일에 사용되지는 않았는지, 불필요한 안전 조치에 낭비되지는 않았는지 등을 살펴볼 수 있다. 이렇듯 중요한 사안을 상세히 살펴본 뒤에야 우리는 파병이 옳은 일이었는지, 그릇된 일이었는지 판단할 수 있다. 나아가 앞으로 어떤 조건이 충족돼야 다른 파병에 동의할 수 있는지도 판단 가능하다.

물론 이런 과정은 단순히 엄지손가락을 들거나 내리는 식으로 '좋다'거나 '나쁘다'는 의사 표시를 하는 것보다 훨씬 복잡하다. 시간과 비용이 들고, 심도 있는 연구조사가 필요하며, 정치적으로 열린 토론이 요구되고, 잘못을 인정하며 그로부터 배우려는 태도가 확립되어야 한다. 노르웨이를 비롯한 몇몇 나라들은 이 길을 밟았다. 독일은 아직 그러지 못했다. 지금까지 독일연방군의 아프가니스탄 파병에 대한 종합적인 연구조사는 이루어지지 않은 상태다. 그리하여 오늘날까지 우리 대부분은 그 문제에 대해 판단하려 할 때 개별적인 사실이나 우연히 알게 된 일화, 혹은 직관에 의존해야 하는데, 익히 알고 있듯이 그런 것들을 근거로 한 판단은 빗나가기 십상이다. 그리고 아프가니스탄 파병은 그러한 수많은 사례들 중 하나에 불과하다.

어떤 상황에 대해 잘 알고, 그 상황에 가장 효과적으로 작용하는 것이 무엇인지를 잘 알수록, 우리는 대화와 토론, 그리고 그 결과로 도출되는 사실에 초점을 잘 맞출 수 있다. 예를 들어, 2014년 노르웨이 정부는 외부 위원회에 노르웨이의 아프가니스탄 파병에 대한 독립적이고 비판적인 분석을 해 달라고 의뢰했고, 이 분석을 토대로 '고달 보고서'가 나왔으며, 이 분석이 향후 파병 관련 정치적 결정에 새로운 인식을 제공했다는 사실을 안다면, 우리는 독일 정부가 이와 비슷한 분석을 더 이상 막지 말아야 한다고 더 강력하게 주장할 수 있다. 이 보고서를 꼼꼼히 읽는다면, 그리하여 230쪽에 달하는 보고서의 결론이 무엇인지를 안다면 더더욱 그럴 수 있다. 고달 보고서의 결론은, 노르웨이가 파병과 관련해 실제로 달성한 목표는 미국의 '좋은 동맹국'임을 스스로 입증한 것뿐이라는 것이다. 아프가니스탄이 더 이상 국제 테러리즘의 거점이 되지 못하도록 하겠다는 목표는 좌절되었고, 아프가니스탄에서 안정된 국가를 건설하겠다는 목표는 완전히 실패했다. 그 보고서는 구체적인 실패 요인들도 열거한다. 첫째, 노르웨이(그리고 국제사회) 책임자들은 전쟁 측면에서도 문화 측면에서도 아프가니스탄에 대해 너무 아는 게 없었다. 둘째, 국가 재건과 개발 원조 조치들이 정치적 고려보다는 군사적 판단에 좌우되었다. 셋째, 테러와의 전쟁이라는 장기적인 목표 대신, 부패와 권력 남용으로 악명이 높은 현지 권력자들에게 힘을 실어주는 한이 있어도 자신들의 안전을 도모하는 데 더 중점을 두었다. 넷째, 외국군의 주둔은 아프가니스탄 일부

주민들에게 점령당했다는 감정을 불러일으켰고, 이는 국제사회의 아프가니스탄 개입 반대 여론에 힘을 실어 주었다.

이 보고서에는 정치적 결론도 담겨 있다. 요약하자면 이렇다. 다음 번 파병 문제가 대두될 경우, 파병의 장단점에 대한 집중적인 공개 토론이 있어야 한다. 군대 파병과 연계하여 현지에서 국가를 건설하는 것은 기본적으로 불가능하다는 것이 밝혀졌다. 국가 건설을 하려면 파병 대신 정치적 해결책과 협상이 필요하고, 이를 위해서는 분쟁의 '모든' 당사자 간 평화 협상을 가능한 한 빨리 시작해야 한다.

이 보고서는 문제를 지적―"노르웨이는 전반적으로 커다란 차이를 만들지 못했다"―할 뿐 아니라, 탈레반과의 평화 협상 및 중재 시도에서 노르웨이 담당자들의 강점이 무엇인지도 살피면서 앞으로 더 잘해 나갈 수 있는 길을 제시한다.

노르웨이 보고서가 어떤 결론에 도달하는지 알고 나면, 다음에 독일이 군사적 수단으로 다시 한 번 불가능한 일을 시도하는 대신, 평화 외교에 집중해야 하는 이유를 더 건설적이고 설득력 있게 주장할 수 있을 것이다.

더 나은 질문이 더 나은 대답을 이끌어낸다

문제만 파헤치기보다 X를 탐색하는 일은 언제나 유익하다. X를 찾을 때는 다음과 같은 질문이 도움을 준다. 다른 나라, 다른 곳에서 유사한 문제가 해결된 적이 있는가? 과거에 이미 해결책이 나온 경우가 있는가? 문제 해결을 위해 노력하는 사람들이 있는가? 이 문제와 관련해 어떤 경험들이 존재하는가? 연구자들은 우리 문제에 대해 무엇을 알고 있는가? 방향을 달리해, 이 문제를 비판적이고 건설적인 시각으로 바라볼 수 있는가? 이 모든 질문은 건설적인 보도를 원하는 저널리스트들의 취재에 도움을 줄 것이다.

건설적인 보도란 취재에서든 인터뷰에서든 각각의 대화 상대에게 추가적으로 다양한 질문을 던져야 함을 의미하기도 한다. 나는 정치인을 상대로 특정 문제에 대해 인터뷰할 때, 어쩌다 이런 문제가 발생했는지를 묻는 데 그치지 않는다. 이를테면 다음과 같은 질문이 이어질 수 있다. 앞으로 유사한 문제가 생기지 않게 하려면, 혹은 최소한 덜 발생하게 하려면 어떻게 해야 하는가? 당면한 문제를 해결하기 위해 무엇을 할 수 있는가? 다음 단계는 무엇인가? 다음 단계를 실행하기 위해 필요한 정치적 절차는 무엇인가? 이 모든 질문은 과거가 아니라 미래를 향한 질문이다. '어떻게 이런 일이 일어났는지'에서 그치는 게 아니라, '이제 무엇을 어떻게 할 것인지'도 묻는 것이다.

이런 식으로 질문을 확장해 나가면 대화의 흐름이 완전히 달라진다. 비난, 변명, 회피로 점철된 대화가 아닌, 사회적으로 유용하고 중요한 정보가 오가는 대화가 이루어질 가능성이 높아지는 것이다. 더 나은 질문을 던지면, 더 나은 대답을 얻을 수 있다.

내가 '더 나은 질문'을 처음 능동적으로 시도한 것은 2014년의 일이다. 당시 우리는 NDR(북부독일방송)에서 만든 〈파노라마Panorama die Reporter〉라는 프로그램에 참여하고 있었다. 독일연방군과 나토군이 아프가니스탄에 남겨 놓은 불발탄 때문에 매년 수십 명의 사람들이 다치거나 죽는 상황을 취재하는 중이었다. 불발탄은 주로 예전 서구 군대의 사격장과 전투가 벌어진 장소에서 발견되었다. 지뢰 제거에 관한 한 세계에서 가장 경험이 많다고 할 아프가니스탄 지뢰 제거반은 불발탄이 어디에 있는지 알기만 한다면 이를 노련하게 제거할 수 있었을 것이다. 하지만 그들에게는 서구 군대의 좌표가 없었다. 즉, 그들이 훈련한 곳이 정확히 어디인지, 불발탄을 발사한 지점이 어디인지를 알 수 없었다. 물론 독일연방군과 나토군은 관련 데이터를 꼼꼼히 기록해 두었다. 그러나 오랜 노력과 협상에도 불구하고, 군 책임자들은 관련 데이터를 아프가니스탄 측에 넘기려 하지 않았다. 당시 아프가니스탄 지뢰 제거 프로그램 책임자는 이렇게 말했다. "이곳에서 불발탄이 어디에 있는지 알려면 늘 누군가 다치거나 죽어야 합니다." 희생자의 절반 이상이 아이들이었다.

데이터가 없다는 것 외에 다른 문제도 있었다. 우리는 독일연방군이 철수하기 전에 훈련장에 남아 있는 전쟁 잔해를 지표 수준에서만 제거했다는 사실을 알아냈다. 지표 아래 있는 불발탄은 제거하지 않은 것이다. 그런 까닭에, 이 지역은 아프가니스탄 주민들에게 완전히 쓸모없는 땅이 되어 버렸다. 농사를 지을 수도, 집을 지을 수도 없었을 뿐 아니라 위험은 그대로 땅속에 남아 있었다. 군대가 철수한 지 수십 년이 지났음에도 사람들은 여전히 독일연방군이 남긴 불발탄에 부상을 당하며, 최악의 경우 목숨까지 잃는다.

이 문제를 취재하는 동안, 국방부 담당자들은 시종일관 어떤 문의에도 응하지 않으려 했고, TV 프로그램 제작을 위한 것이라는 설명에도 촬영을 금지했으며, 우리의 질문에 대한 구체적인 답변을 한사코 거부했다.

거의 10년이 지난 일인데도, 그 무렵 취재를 하면서 내가 얼마나 절망하고 분노했는지 생생히 기억난다. 지뢰를 밟아 사망한 어느 소년의 삼촌을 만나 그 아이의 무덤에 찾아갔을 때 일이다. 당시 ISAF(국제안보지원군)에서 불발탄을 담당했던 독일 장군은 나와 인터뷰하면서 아프가니스탄 사람들에게 죽음은 독일인들이 생각하는 것과 다른 의미를 지니는 것 같다고 말했다. 또한 그는 누군가 일부러 코란을 불태운다면 그건 나쁜 일이지만, 누군가 죽음을 맞이하는 걸 나쁜 일이라고 단정할 수는 없다면서, 불발탄 문제가 그렇게 심각한 상황은 아니라고 주장했다. 아프가니스탄 지뢰 제거 프로그램의 총책임자가 내게 들려준 그의 동료 이야기는 완전히 달랐다. 지뢰를 해체하다가 사고를 당한 그는 죽음과 사투를 벌이면서도 다른 동료들에게 신신당부했다는 것이다. 아프가니스탄에서 지뢰가 모두 제거될 때까지 노고를 멈추지 말아 달라고 말이다.

전쟁에서는 사람이 죽는다. 이것은 피할 수 없는 진실이다. 그러나 피할 수 있는 죽음은 있다. 우리가 아프가니스탄에서 취재했던 많은 문제들은 너무 복합적이라 현실적인 해결책을 찾기가 굉장히 어려웠다. 하지만 불발탄의 경우는 상황이 분명했고 해결책도 분명했다. 독일연방군과 나토군이 사격훈련장을 완전히 정리하거나, 이를 위해 필요한 데이터를 공유하면 문제가 해결될 것이 분명해 보였다. 아프가니스탄 지뢰 제거반이 지뢰를 제거하는 데 드는 비용은 군사 작전을 하는 데 든 다른 비용에 비하면 미미한 수준이었다. 복잡한 문제에 대한 해결책이 이렇게 단순하고, 분명하며, 실현 가능한 경우는 흔하지 않다. 그래서 우리는 우리가 취재한 사실들을 올바른 방식으로 제시하기만 한다면, 문제를 해결할 수 있으리라고 확신했다.

우리는 누군가를 고발하거나 스캔들을 폭로하려는 것이 아니었다. 그저 살릴 수 있는 사람의 목숨을 살리고 싶었다. 가뜩이나 잔인한 전쟁을 더 잔인하게 만들지 않고자 했다. 제거되지 않은 불발탄은 아프가니스탄에서만이 아니라 앞으로 독일연방군이 투입되는 모든 곳에서 문제가 될 것이다. 어디에 주둔하든 독일 군인들은 정기적으로 사격 훈련을 실시해야 하니까 말이다. 해외 파병 부대가 있는 한, 불발탄이 있는 훈련 구역도 있을 것이다.

당시 우리는 탐사 저널리스트로서는 다소 이례적인 방식으로 대응하기로 했다. 국방부에 강경한 어조로 맞서는 대신, 우리의 조사 내용과 더불어 해결책에 걸림돌이 되는 요소가 무엇인지 이해하고 싶다는 바람을 담은 서신을 보냈다. 최상의 시나리오는, 우리 영상이 공개되기 전에 국방부 책임자들이 필요한 조치를 취해주어, 우리가 '문제'와 '해결책'을 모두 보도할 수 있게 되는 것이었다.

하지만 유감스럽게도 우리의 문의는 수포로 돌아갔다. 아무런 대화도 이어지지 않았고, 국방부 담당자들은 계속해서 무대응으로 일관했다. 그리하여 우리는 방송에서 문제를 보도하면서, 가능한 해결책에 대해서는 가정법으로만 이야기해야 했다. 보도가 나간 뒤에도 한동안 아무 일도 일어나지 않았다. 하지만 몇 달 뒤, 국방부 담당자들은 약 30개의 훈련장 중 최소한 한 곳은 땅속까지 전쟁 잔해를 말끔히 정리하기로 결정했다. 만약 우리가 보도를 통해 해당 작업이 비교적 쉽게 이루어질 수 있음을 보여주지 않았다면, 국방부가 그 일을 했을까? 난 그렇게 생각하지 않는다.

다른 모든 훈련장에서는 아무 일도 일어나지 않았으므로, 우리의 취재는 완전한 성공으로 끝나지 못했다. 내가 아는 한, 독일연방군은 향후 파병 시에도 이전과 달라지지 않을 것이다. 그럼에도 훈련장 하나는 제거되었으므로, 적어도 한 곳에서는 부상자와 사망자가 확연히 줄어들게 되었다.

이 사례를 경험한 이후, 나는 문제와 잘못, 부당성에만 초점을 맞춘 대화는 너무 빨리 중단된다는 확신을 갖게 되었다. 누군가와 인터뷰한 뒤, 내가 미래를 향한 질문을 하지 않았을 뿐 아니라 더 나은 미래의 가능성도 살펴보지 않았음을 알아차릴 때가 있다. 그럴 때면 내가 무언가 중요한 것을 놓쳤다는 생각이 들어 인터뷰이에게 다시 연락을 취하곤 한다.

인터뷰만 그런 것이 아니다. 방향성은 내가 '어떤 자료를 인용할 것인가'에도 영향을 미친다. 부정적인 자료만 활용할 것인가, 비판적이고 건설적인 자료를 활용할 것인가. 건설적인 보도를 하고자 할 경우, 우리는 매 단계—취재, 인터뷰, 자료 분석, 기사 쓰기, 영상 제작, 팟캐스트 및 라디오 방송—마다 부단히 X를 찾으려 함으로써 신선하고 건설적인 보도를 할 수 있다. 무엇보다 기사 제목을 뽑을 때에도 우리가 어떤 방향과 시각을 가지고 있느냐에 따라 중요한 차이가 생긴다.

우리에게는 서로 이야기를 나눌 시간이 필요하다

기사가 나간 뒤에도 X 찾기는 계속될 수 있다. 나는 기자로 처음 일하기 시작했을 때, 이 주제, 저 주제를 연이어 다루어야 했다. 특히 마음이 가는 주제를 만났다 한들, 관련 기사나 영상이 나간 직후, 혹은 아무리 늦어도 해당 기사에 대한 독자들의 이메일이나 메시지에 모두 답변하고 나면, 바로 다음 주제로 옮겨가 온통 거기에 정신을 빼앗길 수밖에 없었다. 하지만 남편과 함께 다큐멘터리 영화를 직접 제작하면서 모든 것이 변했다. 처음 영화관에서 〈트루 워리어스〉를 상영하던 당시, 우리는 영화가 끝날 때마다 관객들과 대화를 나누었다. 그리고 그런 대화, 특히 영화 속 주인공들과 더불어 나누는 대화를 통해, 우리 이야기가 관객들에게 얼마나 깊이 스며들었는지를 경험할 수 있었다. 그래서 우리는 실험을 해보기로 했다. 곧장 다음 이야기를 만드는 데 에너지를 쏟지 않고, 〈트루 워리어스〉를 통해 관객들과 더 많은 대화를 이어 가기로 한 것이다. 그렇게 수십 번의 상영회를 거치면서, 우리는 사람들이 얼마나 서로 이야기 나누고 싶어 하는지를 알게 되었다. 함께 영화를 본 뒤 대화를 나눌 때마다, 거의 매번 누군가는 이야기를 하면서 울음을 터뜨렸다. 너무 많은 감정, 고통, 절망이 쌓여 있었기 때문이다. "우리 얘기 좀 하자We need to talk"는 상투적인 표현이 아니라, 정말로 절실한 말이었다.

우리 사회에 필요한 것은 단순히 세상에서 무엇이 잘못되어가고 있는지를 알려주는 정보와 새로운 데이터들만이 아니다. 그러한 정보와 데이터를 어떻게 다루어야 할지에 대해 서로 이야기 나누는 시간이 필요하다. 매일같이 접하는 세상의 수많은 불의에 어떻게 대처해야 할까? 그 모든 일에도 불구하고 어떻게 우리가 무력해지거나 통제력을 잃지 않을 수 있을까? 어떻게 세상을 다시 더 좋은 곳으로 만들 수 있을까? 어떻게 해결책들을 찾을까? 어떻게 서로를 북돋울까?

500회 이상의 상영회와 토론회를 통해, 우리는 우리의 이야기가 영향력을 발휘하려면, 서로 대화를 나누는 시간이 꼭 필요하다고 확신하게 되었다. 학교, 대학, 회사, 종교 시설, 공공 기관, 정부 부처, 의회, 노동조합, 동창회, 청소년 단체, 경찰, 소방대, 극장, 영화관 등 모든 곳이 우리가 서로를 만나고, 서로의 이야기에 귀 기울일 수 있는 곳들이다. 사람들과 더불어 이야기를 나누고, 경험을 공유하고, 토론하는 일은 내 일의 자연스러운 한 부분이 되었다. 그렇게 하다 보면, 삶의 지평과 시야가 넓어질 뿐 아니라, 대화를 통해 서로를 더 깊이 이해할 수 있는, 그리고 계속해서 질문을 던질 수 있는 좋은 기회가 열린다. 이제 무엇을 할 것인가? 이 모든 문제가 얼마나 심각한지 알았다면, 이제 우리는 무엇을 어떻게 할 수 있을까?

우리의 이야기가 탐사 보도인지, 다큐멘터리 영화인지, 르포타주인지, 인터뷰인지는 중요하지 않다. 중요한 것은, 우리가 문제에만 머물러 있지 않다는 것이다. 우리는 문제에 봉착한 사람들과 결정권자들, 즉 권한과 책임이 있는 사람들 간의 대화를 이끌어 내고자 한다. 일곱 명의 청년 난민들이 독일에서 새롭게 정착해 나가는 과정을 담은 다큐멘터리 영화 〈우리는 지금 여기에 있어요Wir sind jetzt hier〉를 상영하던 당시의 일이 생각난다. DHL에서 상영회를 주최했을 때, 난민으로 이곳에 와서 일하는 배송직원들은 상영이 끝난 뒤 열린 대화의 장에서 회사에서 겪고 있는 문제들과 관련해 인사 책임자와 토론하고, 회사의 구체적인 개선책을 요구했다. 또한 이 영화는 외국인 사무소, 경찰학교, 구호 단체 같은 곳에서도 현장의 어려움을 해결하기 위해 무엇을 할 수 있는지에 대한 토론의 토대가 되었다.

저널리스트가 지식만 전달하는 시대는 지나간 듯하다. 21세기의 저널리즘은 사회적 논의와 그 과정을 이끌어 나가고, 지역 주민들과의 대화를 모색해 나가는 장이 되어야 할 것이다. 꼭 영화나 책을 매개로 한 대화와 토론의 장이어야 할 필요는 없다. 직접 만나지 않더라도 사람들에게 다가갈 수 있고 말을 걸 수 있다. 기사 말미에서 질문을 던지는 방식도 좋을 것이다. 이를테면 이런 식으로 말이다. 제기된 문제를 해결하기 위해 도움이 될 만한 아이디어에는 무엇이 있을까? 이미 유사한 문제를 해결하는 데 성공한 사례가 있는가? 이 보도를 통해 깨달은 바는 무엇인가? 해결하기 힘들어 보이는 문제에 직면했을 때 도움이 되는 것은 무엇일까?

이런 질문들은 건설적인 아이디어가 더 많아지도록 해줄 뿐 아니라, 연구에 따르면 이런 아이디어를 일상에 적용하도록 동기 부여를 해 주는 것으로 나타났다. 독자들의 경우, 해당 보도에 기술된 문제를 해결할 아이디어가 있다면 언제든 편집국과 접촉해 자신의 생각을 전달해도 좋을 것이다.

변화와 진보는 아래로부터 시작된다

독일에서 대부분의 뉴스가 (여전히) 부정적인 시각으로 전달되고, 주요 저널리즘 스쿨에서 비판적이고 건설적인 저널리즘을 (여전히) 다루지 않는다고 해도, 현재 이야기를 다른 방식으로 전달하기 위해 애쓰는 저널리스트들이 점점 늘어나고 있는 건 사실이다.

엘렌 하인리히스Ellen Heinrichs는 그림메 연구소와 협력하여 독일 내 약 20개 미디어의 언론인들을 대상으로 건설적 저널리즘을 연구했다. 그 결과 '설문에 참여한 편집국에 속한 저널리스트들 중 대다수'가 '일상적인 방식 외에 건설적인 방식'의 보도도 시도하고 있는 것으로 나타났다. 즉, 일상적으로는 주로 부정적인 보도를 하고, 간혹 예외적으로 비판적이고 건설적인 보도를 하고 있었다. 많지 않아도 건설적인 보도가 존재한다. 우리는 그런 보도를 NDR의 정보 팟캐스트를 비롯한 일부 지역 언론에서도 찾아볼 수 있고, (거의) 매일 모든 미디어에 게재되는 개별 기사들에서도 찾아볼 수 있다. 또한 BBC 팟캐스트나 〈뉴욕타임스〉 칼럼 등 영어권 미디어에서도 비판적이고 건설적인 보도를 위한 시도를 찾아볼 수 있는데, 그중에는 'Struggles from below'라는 눈에 띄는 제목의 온라인 매거진도 있다. 'Struggles from below'는 노암 촘스키 Noam Chomsky의 문장 "변화와 진보가 위로부터 오는 선물인 경우는 거의 없다. 그것들은 '아래로부터의 투쟁에서Struggles from below' 비롯된다"에서 차용한 것이다.

적절한 X를 찾지 못한 문제는 보도하지 않겠다는 걸 원칙으로 삼는 전국 단위 언론사는 아직 존재하지 않는다. 하지만 머지않아 그런 언론이 생겨나게 될 거라고 확신한다. 언젠가 다시 신문을 펼치고 앉아, 신문지가 바스락거리는 소리와 잉크 냄새를 마음껏 느낄 수 있게 되기를, 이 기사에서 저 기사로 넘어가며 다른 세상으로 흠뻑 빠져들 수 있게 되기를 고대한다.

물론 아직은 그런 신문이 존재하지 않지만, 그렇더라도 미디어 환경이 완전히 바뀔 때까지 기다릴 필요는 없다. 우리는 이미 우리에게 유익한 뉴스와 보도원들을 선택할 수 있다. 모든 문제에 대해 X 없이는 보도하지 않는 사람들을 말이다.

우리는 무엇을 소비할지 선택할 수 있다. 해당 편집국에 우리의 선택에 대해 알릴 수도 있다. 비판적이고 건설적인 접근 방식이 눈에 띄는 기사나 글을 본 적이 있는가. 그렇다면 편집국에 짧게라도 긍정적인 피드백을 제공해 보라. 대부분의 미디어에서는 독자들의 피드백을 주의 깊게 살핀다. 비판적이고 건설적인 보도가 요망되는 보도에 대해서도 피드백을 보낼 수 있다. 다른 접근 방식을 보고 싶은 이유를 설명하면서 말이다. 물론 이것은 당신이 반드시 해야 할 일은 아니다. 너무 바쁜 나머지, 그 시간을 다른 일을 하는 데 쓰고 싶다고 해도 충분히 이해할 만하다. 하지만 이는 우리가 영향력을 발휘할 수 있는 기회이며, 우리가 이 기회를 자각할수록 변화의 가능성은 더 커진다. 소비자로서 우리는 누구에게 돈을 지불하느냐를 통해서만이 아니라, 누구에게 시간과 관심을 주느냐를 통해서도 영향력을 발휘할 수 있다.

많은 저널리스트들은 특정 주제에 대해 부정적으로 기술하지 않으면 진지하지 않고 세상물정 모르는 순진한 사람으로 비춰지지 않을까 걱정한다. 가능한 해결책을 부각하는 기사를 쓰면 비판력이 부족하거나 사안과 충분한 거리를 두지 못하는 사람으로, 혹은 문제를 대수롭지 않은 일로 축소하는 사람으로 비춰질까 우려한다.

나는 저널리스트들이 그런 식으로 말하는 걸 여러 번 들었다. 하인리히스도 자신의 연구에서 독일 저널리스트들 사이에 팽배한 이런 두려움을 기술한다. 볼프강 블라우는 특히 기후위기 관련 보도에서 이러한 역학이 구조적 문제로 자리 잡고 있다고 말한다. 위기와 관련한 사실관계나 상황의 심각성을 잘 알지 못하는 편집국 동료들은 행동을 촉구하는 저널리스트들을 종종 활동가로 낙인찍는다.

당신에게 용기를 주고 새로운 시각을 보여주는 기사를 읽게 될 때, 이메일로 긍정적인 피드백을 제공하면 좋을 것이다. 이메일 한 통도 해당 저널리스트가 비판적이고 건설적인 보도를 계속해 나가는데 큰 힘이 될 수 있다.

나쁜 소식은 이야기의 끝이 아니라 시작에 불과하다

나쁜 소식은 이야기의 끝이 아니라 시작에 불과하다. 재난이나 불행이 닥치면, 어떤 일이든, 사람들은 그 일에 대응할 수밖에 없기 때문이다. 지진, 전쟁, 팬데믹뿐 아니라 한 사람의 죽음도 마찬가지다. 재난이 일어나는 곳에는 도움의 손길이 미치고, 불의가 벌어지는 곳에는 정의를 위해 애쓰는 사람들이 있으며, 억압받는 사람들이 있는 곳에는 자유를 위해 투쟁하는 사람들이 있다. 우리는 그런 사람들을 찾기만 하면 된다. 이것은 저널리스트들에게도, 다른 모든 이들에게도 해당되는 일이다.

자살 테러를 다룬 다큐멘터리 〈트루 워리어스〉 제작을 위해 취재할 때, 나는 이 사실을 매우 절실히 느꼈다. 2014년 12월 11일 저녁 뉴스에서는 당시 일어난 테러를 이렇게 보도했다.

카불 정부는, 아프가니스탄에서 독일인 한 명이 자살 테러로 사망했다고 발표했습니다. 지금까지 외무청은 아무런 언급을 하지 않고 있습니다. 범인은 연극 공연 중이던 카불 소재 프랑스 문화원에서 몸에 지니고 있던 폭탄을 터뜨렸고, 최소 16명이 부상을 입은 것으로 알려졌습니다. 이슬람 탈레반은 이번 테러가 자신들의 소행이라고 주장했습니다.

우리는 죽음과 부상, 폭력에 대한 소식을 듣는다. 생존자들의 목소리는 들리지 않는다. 카불 문화계의 저항에 대해서는 듣지 못한다. 테러 배후를 규탄하는 시위에 대해서도 듣지 못한다. 테러가 있었던 날 무대에 올랐던 배우들이 얼마 지나지 않아 다시 무대로 돌아갈 거라는 소식도 듣지 못한다.

우리는 폭력에 대해서만 듣는다. 폭력에 대한 무력감만 느낀다. 이런 뉴스로부터는 세상에서 또다시 나쁜 일이 일어났다는 것 말고는 아무것도 배우지 못한다. 이것이 우리에게 무슨 도움이 될까. 나는 오늘날 저널리스트들이 더 나은 일을 할 잠재력을 갖고 있다고 확신한다. 자살 테러 보도에서도 우리는 용기를 주는 요소들을 집어넣을 수 있다. 이탈리아의 한 시민운동가는 자신의 경험을 이렇게 기술한다.

> 미디어는 이기적이고, 편협하며, 인종차별적이고, 획일적인 행동양식을 강조한다. 그리하여 우리는 저기 바깥세상은 야만적인 것 같다는 인상을 받게 되고, 홉스가 말했듯이 인간이 인간에게 늑대가 되는 아주 우울하고 희망 없는 인간상을 마주한다. 하지만 우리가 '저기 바깥세상'과 접촉하자마자, 이런 인상은 변한다. 그곳에 많은 연대가 있음을 보게 된다.

문제만 보도하느냐, X도 보도하느냐는 그 소식을 읽거나 보거나 들은 사람의 기분에만 영향을 미치는 것이 아니다. 그것은 우리가 무엇을 배우느냐에 대한 문제이기도 하다. 덴마크의 저널리스트 울리크 하거루프Ulrik Haagerup는 《건설적인 뉴스Constructive News》에서 자신이 속한 편집국이 병원의 열악한 상황을 어떻게 보도했는지를 설명한다. 그들은 각각의 문제와 관련하여 해결책을 찾은 한 병원을 취재해 이를 보도했다. 그러자 기사를 읽은 다른 병원의 직원들이 그들의 상사들에게 '우리는 왜 그렇게 하지 않느냐'고 물었고, 병원 관리자들은 그 해결책을 참고해 문제를 해결함으로써 시간과 자원을 절약할 수 있었다. 이 모든 것이 언론 보도를 통해 필요한 정보를 얻었기 때문에 가능한 일이었다.

문제와 더불어 성공적인 해결책까지 보도한다면, 우리는 앞으로 무엇을 더 잘할 수 있을지 배우게 된다. 재난 및 재해 소식과 함께, 사람들이 어떻게 대처했는지도 함께 보도한다면, 우리 역시 그런 도전에 직면했을 때 무엇을 할 수 있을지 배우게 된다. 비판적이고 건설적인 보도는 그저 기분을 좋게 만드는 데 그치지 않고, 우리가 모든 일에 더 잘 대비할 수 있게 해준다. 어려움에 대처할 수 있는 구체적인 아이디어와 조언, 그리고 도움을 받을 수 있는 곳들을 알려준다. 개인도, 사회도 그런 보도를 통해 도움을 받을 수 있다.

'다른' 이야기를 위한 실험 6

눈에 띄는 비판적이고 건설적인 보도를 찾아서, 읽거나 보거나 들어 보라. 의도적으로 X를 찾아보라. 그것은 각각의 문제에 적합한가. 보도에서 다루지 않은 다른 X를 찾을 수 있는가.

기사를 다시 한 번 눈앞에 그려 보라. 자신의 삶에 적용할 만한 것을 배울 수 있는가. 보도된 내용을 읽고 나니, 앞으로 다르게 해보고 싶은 일들이 생기는가.

자신을 관찰해 보라. 건설적인 보도들을 접하고 나니 어떤 느낌이 드는가. 평소 일반적인 뉴스를 소비한 뒤의 상태와 차이가 느껴지는가.

07

세상을 보는 방식이 바뀌면, 세상도 바뀐다

무슨 일이 일어나든,
오늘이
아무리 나빠 보여도,
삶은 계속되며,
내일은
더 나아지리라는 것을
나는 배웠다.

_미야 안젤루

찾고자 해야 찾을 수 있다

'문제+X' 원칙을 이해하면, 우리가 읽는 모든 기사, 우리가 보는 모든 텔레비전 프로그램, 우리가 서로 주고받는 모든 이야기가 균형 잡혀 있는지 아닌지를 점검할 수 있다. 이야기에 X가 있는지 찾기만 하면 된다. 만약 X를 찾을 수 없다면, 우리가 아직 해당 문제의 전체적인 그림을 알지 못하고 있으며, 그 문제를 제대로 이해하기 위해 알아야 할 모든 것을 파악하지 못하고 있다고 생각하면 된다. 이를 인식하는 것만으로 어떤 이야기를 접했을 때 느껴지는 감정이 즉시 달라지는 것은 아니지만, 그것이 아직 완전한 진실은 아님을 상기하는 데 도움이 된다.

우리는 앞에서 X가 빠진 이야기들이 우리를 무력하게 만든다는 사실을 살펴보았다. X 없이 문제만 제기하는 이야기들은 우리의 능동성을 앗아 가며 아무것도 하지 못하게 만든다. 우리는 이제 X가 포함된 이야기들을 찾아볼 가치가 있음을 알고 있다. 하지만 어떻게 찾아야 할까. 우리는 대부분의 시간을 부정적인 뉴스와 이야기에 둘러싸여 보내고 있지 않은가. 답은 간단하다. 인내심을 가지고 그저 끈질기게 찾으면 된다는 것이다. X를 찾아야 할, 주요 세 영역은 다음과 같다. 바로 우리가 미디어에서 소비하는 이야기, 우리 스스로가 하는 이야기, 그리고 다른 사람들이 우리에게 해주는 이야기다.

우선, 우리가 미디어에서 소비하는 이야기에 X가 누락되어 있을 때부터 시작해 보자. X가 빠진 이야기를 접했을 때, 우리는 스스로 X를 찾아볼 수 있다. 기존 텍스트를 보충해 기사를 더 완전하게 만드는 것이다. 하지만 그 과정에서 화내거나 짜증내지 말자. 결국 우리 자신을 위해 하는 일이니까 말이다. 세상을 더 잘 이해하고, 구체적인 문제에 더 잘 대처할 수 있으면 좋지 않겠는가.

지금까지 우리가 배운 질문들이 X를 찾는 데 도움을 줄 것이다. 다른 곳에서 유사한 문제를 이미 해결한 사례가 있지 않은가? 과거에 이미 그 문제를 해결한 적이 있지 않은가? 그 문제를 해결하기 위해 노력하는 사람들이 있지 않은가? 그들은 무엇을 알고 있는가? 문제 해결을 위해 진행된 연구들이 있는가? 문제를 새로우면서도 파괴적이지 않은 관점으로 볼 수 있는가? 대부분은 인터넷에서 검색해 보는 것만으로도 충분할 것이다. 건설적인 관점들은 이미 세상에 존재하고 있기 때문이다.

기후위기를 다룬 글을 읽었다고 가정해 보자. 이 글은 중요한 사실, 즉 새로운 법, 새로운 생활 방식, 새로운 생산과 소비로 전환하지 않으면 우리가 얼마나 급격한 변화에 직면하게 될지를 보여준다. 하지만 그 글은 우리가 무엇을 할 수 있는지에 대해서는 구체적으로 다루지 않았다. 가령 정치인들에게 무엇을 요구해야 할까? 새로이 필요한 법은 무엇일까? 우리는 바로 그런 부분을 찾아볼 수 있다. 이를 위해 우리의 관심사를 최대한 정확히 정리해 보는 것이 도움이 된다. 기후위기와 관련해 내가 할 수 있는 일은 무엇인가? 에너지 소비를 줄이려면 어떻게 해야 할까? 기후 보호를 위해 노력하는 단체를 어떻게 도울 수 있을까? 진보적인 기후 정책을 시행하는 나라는 어디일까? 지역 정치인들이 더 나은 기후 정책을 마련하는 데 힘쓰도록 하려면 어떻게 해야 할까?

인터넷 검색 엔진으로 이런 질문들을 찾아보는 일이 처음에는 낯설게 느껴질지도 모른다. 하지만 기억하라. 그런 행동이 실망스러운 이야기를 접했을 때뿐 아니라, 여러 이유로 무력감이 드는 순간에 분명 도움을 주리라는 것을 말이다.

밤에 자꾸 쫓기는 악몽을 꾸다 깨어나곤 하던 시기에, 나는 이런 악몽에 시달리지 않으려면 어떻게 해야 할지 인터넷 검색을 해보았다. 그러다가 그냥 도망가지만 말고 멈추어 서서 쫓아오는 대상에게 무얼 원하는지를 물어보라는 조언을 발견했다. 나는 꿈에 잘 개입하는 편이라서, 다시 같은 악몽을 꾸었을 때 그 조언을 시험해 보았다. 복면을 쓴 채 오토바이를 탄 남자가 점점 내게 접근해 오고 있었고, 나는 덤불 뒤에 숨어서 간신히 용기를 내어 이렇게 소리쳤다. "대체 내게 원하는 게 뭐죠?" 그러자 그 남자는 오토바이를 멈추고 시동을 끄더니 '소다 한 캔'이라고 했고, 마침 나는 캔 하나를 손에 들고 있었기에 얼른 그걸 건네주었다. 그러자 그 남자는 다시 오토바이를 타고 떠났고, 추격전은 끝났다.

친구가 이혼을 고려하고 했을 때는 '이혼하려는 사람을 도울 수 있는 방법'을 검색해 보기도 했다. 웹 검색엔진에 제시된 조언들 중에는 '이야기 경청' '곁에 있어 주기' '정서적 지지' 등 나 역시 쉽게 생각해낼 수 있는 것들도 있었다. 하지만 내가 떠올리지 못했을 것들도 있었다. '음식을 가져다주라. 위기 상황에서는 종종 일상을 영위하기 힘들 때가 많다.' '친구의 배우자에 대해 필요 이상으로 나쁘게 말하지 말라. 공연히 부부 간 갈등을 부추기고 더 큰 스트레스 요인이 될 수 있다.' '인내심을 가지고 들어주라. 같은 이야기를 열 번 넘게 말할 수도 있다.' '처음 몇 주, 혹은 몇 달간 너무 많은 힘을 쏟아붓지 말라. 이혼하기까지는 오랜 시간이 걸리고, 당사자는 1년 뒤에도 여전히 도움이 필요할 수 있다.'

친한 친구가 자살 시도를 했을 때에도, X를 찾아보는 것이 도움이 되었다. 병원에 있는 친구를 방문하기 전날 저녁, 나는 이렇게 검색해 보았다. '자살을 시도한 사람에게 무슨 말을 해줄 수 있을까?' 그러자 이런 조언이 나왔다. '묻지 말고, 비난하지 말고, 걱정을 표하지 말라. 대신, 이렇게 얼굴 봐서 좋다고, 네가 살아 있어서 기쁘다고, 정말 사랑한다고(사실인 경우에는) 말하라.' 물론 내겐 구체적인 문장을 암기하는 것이 중요하지 않았다. 상황을 더 악화시키지 않으면서, 편안하게 대화를 이끌어 나갈 수 있는 방향을 찾고자 했던 것뿐이니까 말이다. 그런 상황을 잘 아는 사람들의 조언을 활용하지 않을 이유가 없다. 특히 모든 것이 압도적으로 다가오는 위기 상황을 겪어본 사람들의 조언이라면 말이다. 웹 검색엔진의 답변은 기계에서 나온 것이 아니다. 비슷한 상황을 겪어본 사람들이 올린 기사, 게시물, 동영상들과 연결시켜 줄 따름이다.

지금도 나는 도움이 필요한 모든 것을 검색하고 조사해 본다. '아침에 일찍 일어나려면 어떻게 해야 할까?' '어떻게 해야 매일 쓸 수 있을까?' '인종차별을 줄이려면 어떻게 해야 할까?' 그리고 매번 내게 도움이 되는 조언들을 발견한다.

세상을 보는 방식이 바뀌면, 세상도 바뀐다

나의 경험에 따르면 X를 찾으려 하는 건 좋은 일이고, 실제로 찾아내는 것도 가능하지만, 단점이 하나 있다. 그것은 바로 시간이 걸린다는 점이다. 부정적인 정보나 이야기를 접할 때마다 그에 대해 해결책을 찾으려 한다면, 다른 일들에 소홀해질 수 있다. 많은 경우, 시간을 할애한다고 해서 금방 끝나는 것도 아니다. 부정적이기만 한 이야기들이 너무나 많기 때문이다.

따라서 부정적인 이야기를 접하는 수를 줄이는 것도 현실적인 방법이 될 수 있다. 뉴스를 소비하지 말아야 한다는 뜻은 아니다. 세상의 모든 소식을 다 알 필요는 없다는 것이다. 뉴스 소비를 줄인다고 해서, 세상 돌아가는 일에 무지해지거나 정보력이 없어지는 것은 아니며, 친구나 동료와의 대화에 제대로 참여할 수 없게 되는 것도 아니다.

뒤떨어지는 기분이 들지 않고도 안전하게 뉴스 소비를 줄일 수 있는 방법이 있다. 간단하다. 매일같이, 심지어 하루에 여러 번 뉴스를 보거나 읽는 사람들이 많다. 앞으로는 그러지 말라. 일주일에 다섯 번, 세 번, 혹은 한 번만 뉴스를 소비하는 것으로 충분하다. 그중 자신에게 효과가 있는 방식을 택하면 된다. 관심 있는 주제에 집중하고, 좀 더 깊이 살펴보도록 하라. 책도 한 권을 꼭 다 읽을 필요는 없다. 몇몇 문장에서부터 시작하라. 관심 가는 주제의 헤드라인이 보이면, 의도적으로 같은 주제에 대해 여러 출처의 글을 찾아 읽어보라. 한 주제에 대해 세 개, 네 개, 혹은 다섯 개 정도의 글을 읽어보고 짧은 영상도 몇 개 시청해 볼 수 있다.

어떤 주제에 대해 가장 잘 아는 방법은 여러 출처를 참고하는 것이다. 하나의 주제에 대해 다양한 사람이 쓴 글을 읽으면, 다양한 시각을 접할 가능성이 더 많아진다. 관심이 가는 주제에 대해 주변 사람들과 이야기를 나누어 보아도 좋다.

논쟁하며 시시비비를 가리기 위해서가 아니라, 시각과 경험을 넓히기 위해서 말이다. 주변 사람들은 그 문제를 어떻게 보는가. 그들은 그 문제에 얼마나 관심이 있는가. 그들은 그 문제에 대해 무엇을 듣고, 생각하고, 느꼈는가. 다른 사람들의 생각과 경험을 주의 깊게 살피면, 우리 주변 세계의 복잡성을 이해하기가 더 쉬워진다. 우리가 던지는 모든 질문에 대해 여러 가지 답이 존재한다는 사실을 받아들이기도 더 쉬워진다. 또한 늘 같은 방향의 답만 있는 것은 아니며, 심지어 모순되는 답도 있음을 알게 된다.

관심 있는 주제에 대해서는 불규칙한 간격을 두고 장기간에 걸쳐 새로운 소식을 찾아보는 것도 좋다. 대부분의 경우, 뉴스에 보도되는 순간적인 모습보다 장기적인 변화가 더 긍정적으로 전개된다는 걸 알게 될 것이다.

이 모든 일에 너무 많은 시간이 소요될 것 같은가. 상상하는 것만으로도 이미 부담이 느껴지는가. 그러나 하루에 평균 10분씩 뉴스를 소비한다면(대부분은 아마도 그 이상을 뉴스에 할애할 것이다), 한 주에 한 시간 이상을 뉴스에 소비하고 있다는 얘기다. 그런데 이제 매일 뉴스를 보는 대신 이 시간을 일주일에 한 번 몰아서 쓰면, 그 시간을 이용해 하나의 주제에 대해 어느 정도 깊이 있는 정보를 얻을 수 있을 것이다. 처음에는 무언가 놓치는 기분이 들지도 모른다. 그러나 시간이 지날수록 뉴스를 매일 소비할 때보다 지식이 더 깊어지면서, 특정 주제에 대해 훨씬 더 잘 알게 될 것이다.

조디 잭슨은 자신의 책에서 "뉴스가 하나의 방식으로만 존재해야 한다고 생각하지 말라"고 조언한다. "부정적인 뉴스만 이야기할 가치가 있다고 생각하지 말라. 뉴스는 '원래 그런 것'이라고 치부해 버리지 말고, 균형 잡힌 보도가 이루어질 수 있도록 힘을 실으라. 뉴스 소비에 변화를 주고, 그런 태도가 반영된 결정을 내리라."

우리는 어떤 뉴스를 소비하고, 어떤 뉴스를 소비하지 않을지 조율할 수 있다. 또한 부정적인 뉴스로 인한 심리적 압박을 느끼지 않으면서도 얼마든지 정치적인 정보를 얻을 수 있다. 뉴스에서 다루는 주제는 책에서도 다룬다. 뉴스를 보는 대신 하루 15분씩 논픽션을 읽는 데 할애한다면, 장기적으로 당신의 지식은 꽤 깊어질 것이다. 최근의 중요한 주제들을 놓친 것 같다면, 해당 주제를 다루는 논픽션을 읽으라.

소셜 미디어에서 활동하는 사람이라면 이야기를 건설적으로 전달하는 저널리스트의 계정을 팔로우할 수 있다. 문제와 함께 X를 다루는 글이나, 라디오 방송, 텔레비전 보도를 보면, 작성자의 이름을 기억한 뒤 소셜 미디어에서 그를 팔로우할 수 있다. 그렇게 하면 당신의 스마트폰이나 노트북 계정에서 온통 재난으로 뒤덮인 뉴스 대신 건설적이고 비판적인 뉴스를 접할 확률이 높아진다.

미디어 소비에서 좀 더 균형 있는 자세를 취한다면, 즉 부정적이기만 한 내용에서 벗어나 비판적이고 건설적인 내용으로 전환한다면, 세상을 보는 우리의 시각도 자연히 변화할 것이다. 그리하여 시간이 흐름에 따라 주변에서 문제만 보는 대신, 개선의 기회, 사회적 진보, 내적 성장의 가능성을 점점 더 많이 인식하게 될 것이다. 우리가 세상을 보는 방식을 변화시키면, 세상을 변화시킬 수도 있다.

일상에서 이야기를 변화시키는 법

주의를 기울여야 하는 건 뉴스와 미디어뿐만이 아니다. 우리가 스스로 어떤 이야기를 하는지, 어떤 주제에 초점을 맞추는지, 어떤 생각을 공유하는지, 어떤 질문을 던지는지 등에도 주의를 기울여야 한다. 미디어 소비 방식을 바꾸는 것은 중요하지만, 스스로 세상을 바라보는 관점을 바꾸고 싶다면, 특히 다른 사람들이 부정적인 함정에 빠지지 않도록 돕고 싶다면,

미디어 소비를 변화시키는 것만으로는 충분치 않다.

'문제+X' 공식을 활용해 다른 사람들의 이야기를 점검할 수 있듯이, 우리 스스로가 하는 이야기도 점검할 수 있다. 우리의 이야기 안에서 X를 발견할 수 있을까. 우리는 그저 큰 문제와 그보다 작은 문제 사이를 오락가락하고 있는 것뿐일까. 스스로를 관찰해 보고, 자신의 이야기에서 X를 찾아보라. 더 이상 불평 같은 건 하지 말라는 이야기가 아니다. 힘겨운 이야기를 주변 사람들에게 하지 말라는 것도 아니며, 자신의 고통을 다른 사람과 나누지 말라는 것도 아니다. 이 모든 것들을 계속 해도 된다. 부정적인 말을 아예 하지 말라는 것이 아니다. '문제+X'는 가능한 출구에 대한 이야기다. 걱정, 분노, 두려움에 휩싸인 나머지, 출구가 있다는 사실을 잊지 말라는 이야기다.

우리는 일상을 살아가면서 마음속에 품은 중요한 이야기보다는, 실제로는 거의 신경 쓰지 않는 사소한 문제들에 대해 이야기할 때가 많다. 기차 여행을 다녀 온 후에는 이렇게 이야기한다. "옆에 앉은 승객이 너무 거슬리게 행동하지 뭐야." "글쎄, 기차가 10분이나 지연됐잖아." "커피를 마셨는데, 너무 뜨거워서 입천장을 델 뻔했어." 자동차를 몰고 시내를 다녀와서는 이렇게 말한다. "차가 막혀도 너무 막히더라." "와, 운전을 왜들 그렇게 난폭하게 하는지 몰라." "아까 오면서 들은 라디오 프로그램은 정말 재미없더라." 하루 일을 끝내고 나서는 또 어떤가. "부장님 때문에 정말 열받았어. 왜 그런 식으로 말하지?" "진상 고객도 그런 진상이 없더라." 모처럼의 휴가를 다녀와서는 이렇게 말한다. "그 나라 사람들 정말 이상하지 않아?" "음식 값이 장난이 아니었어." "날이 너무 습해서 혼났어." 말하자면, 우리는 본질적으로 별로 중요하지 않은 일들에서 부정적인 것에 더 많은 자리를 내어주는 경향이 있다. 이런 일상의 일들에서 우리의 습관을 변화시키는 것은 그리 어려운 일이 아니다.

다음에는 휴가나 여행에 대해 이야기할 때, 어느 평범한 하루 혹은 누군가와의 만남에 대해 말할 때, 이렇게 자문하라. 더 나은 이야기로 만들어 줄 X는 무엇일까. 어떤 기분 좋은 일을 공유할까? 이야기하고 싶은 아름다운 순간들이 있었나. 어떤 인상들을 전달할까. 우리가 이야기를 전달하는 방식을 바꾸면, 주변 사람들이 세상을 보는 방식도 변화시킬 수 있다.

당신이 아직 한 번도 기차를 타본 적이 없다고 상상해 보자. 누군가에게서 기차여행의 고단함과 계속되는 연착에 대해 듣는 것과, 차창 밖으로 펼쳐지는 아름다운 풍경과 아무

일 하지 않고 오롯이 그 풍경을 느낄 수 있는 평화로움에 대해 듣는 것은 큰 차이가 있다. 물론 이는 아주 진부한 예에 불과하다. 그러나 우리는 일상에서 늘 이런 이야기들을 듣고, 그런 이야기들은 시간이 지남에 따라 세상을 보는 우리의 시각을 변화시킨다.

일상에서 이야기를 다르게 하는 훈련은 그리 어렵지 않게 할 수 있다. 퇴근하고 집에 돌아와 가족들과 어떤 긍정적인 일에 대해 이야기를 나누고 싶은지를 생각해 둘 수 있다. 신선하며 영감을 주었던 대화, 맛있었던 식사, 일을 성공적으로 해낸 경험 등을 떠올려 보면 된다. 이미 오랫동안 고민해 온, 그래서 이미 집에서도 몇 번 이야기했던 문제가 해결되었을 수도 있다. 잘 안 풀리고 힘들었던 일들에 무한정 자리를 내어 주는 대신 긍정적인 이야기들을 꺼내 놓는다면, 대화 자체뿐 아니라 남은 저녁 시간의 분위기도 달라질 가능성이 높다. 시간이 흐르면서 상대방도 다른 이야기를 하기 시작할 것이다.

상대가 자발적으로 이야기하지 않는다면 질문을 던질 수도 있다. "오늘 뭐 좋은 일 있었으면 얘기해 줄래?" "재미있는 일은?" "특별히 잘된 일 있으면 듣고 싶어." 자녀가 있다면 학교에서 있었던 좋은 일들을 물어보라. "학교에서 재미있는 거

배웠니?" "즐거운 일 있었니?" "기분 좋은 일 있었니?"

나는 집에서 매일 저녁 잠들기 전에 그날 있었던 좋은 순간들과 좋은 말들을 함께 나누는 습관을 들였다. 그렇게 하기로 굳게 약속했기에, 분주한 일상을 살아가면서도 그 대화는 계속 이어지고 있다. 자녀들과도 이렇게 할 수 있다. 잠자리에 들기 전, 그날 있었던 좋은 순간들을 함께 돌아보라. 오랜만에 친구를 만나면 그간 어떤 멋진 일들이 있었는지를 물어보라. 또는 앞으로 다가올 날에 특히 기대되는 일이 있느냐고 물어보라. 연구에 따르면, 대화를 어떻게 시작하느냐가 이어지는 대화를 결정하는 경우가 많다. 따라서 긍정적인 소재로 대화를 시작하면 그 순간뿐 아니라 함께 보내는 시간 전체가 달라질 수 있고, 장기적으로는 관계의 질이 달라질 수 있다. 우리의 공식을 빌려 말하자면, X를 빨리 찾을수록 그 효과는 더 강해진다.

이야기의 흐름을 바꾸는 건 결국 '질문'이다

대화가 부정적인 방향으로 고착되고 있음을 알아차리게 될 때는 질문이 좋은 도구가 되어 준다. 누군가 15분 전부터 내내 어떤 상황에 대해, 사람에 대해, 혹은 전 세계에 대해 불평하는데, 점점 듣기가 힘들어지는가. 때로는 질문 하나만으로도 대화의 방향을 바꿀 수 있다. "요즘 뭐 잘되고 있는 일이 있어?" "최근에 재미있었던 일 있으면 좀 얘기해 줘." "이번 주에 기대되는 일 있어?"

내겐 이런 식의 질문을 탁월하게 하는 한 친구가 있다. 한번은 어떤 남성이 아내와의 관계 문제를 이야기하는 자리에 나도 끼어 있었다. 대화는 계속 피상적인 상태에 머물렀다. 그 남성은 계속 지지부진하게 대화를 이어 나갔고, 한마디 한마디가 계속 안 좋은 방향으로 흘러갔다. 그러다가 한순간 침묵이 흐르자 그 틈을 타서 내 친구가 물었다. "아내의 어떤 점을 좋아하나요?"

그러자 그는 아내가 곁에 있으면 얼마나 든든한지, 아내가 자신의 결점을 얼마나 잘 보완해 주는지를 이야기하기 시작했다. 대화가 갑자기 180도 다른 방향으로 전개되었던 것이다. 그때까지 아내에 대한 불만만 늘어놓던 남자는 이제 자신의 단점에 대해 허심탄회하게 말하기 시작했고, 자신의 취약한 부분을 가감 없이 드러냈고, 덕분에 우리는 그의 새로운 면을 알게 되었다. 이전과 완전히 다른 사람이 말하고 있는 것만 같았다.

이미 말했듯이 내 친구는 이런 식의 질문을 하는 재능이 있다. 그는 질문을 한다기보다, 질문으로 마법을 부리다시피 한다. 나는 친구가 질문을 통해 우울한 대화를 순식간에 허심탄회하고, 솔직하고, 긍정적인 대화로 변모시키는 것을 자주 목격했다. 나도 그렇게 해 보려고 시도했을 때, 그런 대화의 기술을 자연스럽게 구사하려면 연습이 필요하다는 걸 깨달았다. 그럼에도 분명한 건, 내가 친구 방식의 질문을 좀 서툴고 어설프게 던졌을 때에도 대화가 새로운 방향으로 흘러갔다는 점이다. 대화가 좀 더 건설적으로 전개되었을 뿐 아니라, 대화하는 사람들의 새로운 면모도 알게 되었다.

토론에서도 마찬가지다. 여기서도 이렇게 질문할 수 있다. "어떤 조치가 특히 효과적이었나요?" "상황을 바꾸기 위해 무엇을 할 수 있을까요?" 이렇게 묻기만 해도 대화는 다른 방향으로 진행된다. 많은 경우, 대화의 방향을 바꾸는 것은 정말 간단한 일이다. 사실 주의를 다른 곳으로 돌리는 것은 어려운 일이 아니다. 진짜 어려움은 우리가 얼마나 부정적인 것에 이끌리는지를 시간이 지나면 금세 잊어버린다는 데 있다.

대화가 부정적으로만 흐르지 않게 하는 또 다른 방법은 과거에 비슷한 상황에서 어떤 방법이 도움이 되었는지를 이야기 나누는 것이다. 가령 누군가 내게 자신이 배우자나 연인과 얼마나 소원해졌는지 이야기할 때마다, 나는 비슷한 상황에서 그 문제를 어떻게 극복했는지를 이야기해 준다. 우리는 매주 90분씩 시간을 내어 서로 대화하는데, 대화를 할 때는 번갈아 말을 한다. 내가 10분간 이야기할 때 상대는 경청하고, 반대로 상대가 10분간 말할 때는 내가 경청한다. 그렇게 번갈아 이야기하는 것이다. 또 우리는 매주 자신의 근황을 서로 이야기해 준다. 이렇게 서로 이야기하고 들어주다 보면, 크게 애쓰지 않아도 새로운 아이디어가 떠오를 때가 많다. 시도해 보기 전에는 미처 알지 못했던 효과가 생겨난다.

자신의 삶에 도움이 되었던 것들을 나눌수록, 주변 사람들의 삶을 더 좋은 쪽으로 변화시킬 수 있는 가능성이 더 커진다. 카불에서 맞은 첫날, 나는 이 원칙을 누구보다 더 몸소 실천하는 사람을 만났다. 40대 중반의 바시르 하미디라는 남성인데, 카불에서 문화 행사를 위한 이벤트 매니지먼트 에이전시를 운영하고 있었다. 독일에서 16년간 살았던 적이 있는 그는 내게 필요한 것이 생기면 '무엇이든' 추천해 주고 도움을 주었다.

사실 내가 그에게 전화를 한 까닭은 낯선 나라에 도착한 첫날 이것저것 도움을 요청할 사람이 필요했기 때문이다. 하지만 첫날부터 그는 내게 친구가 되어주었다. 그는 현재 마음이 쓰이는 모든 것에 대해 허심탄회하게 이야기할 줄 아는 사람이었다. 앞두고 있는 콘서트 이야기, 아내와 다툰 이야기, 독일에 있는 아들을 너무 오래 보지 못해서 그립다는 이야기 등등…. 나는 정말 솔직한 바시르의 태도에 놀랐고, 몇 번의 만남 뒤 그가 모든 사람을 마음을 열고 대한다는 것을, 결코 가식적인 태도를 보이거나 빈말을 하지 않는다는 것을 알게 되었다. 그리하여 나는 자신의 약한 부분과 두려움과 걱정은 물론이고 그것들을 통해 무엇을 배웠는지까지 터놓고 이야기하는 그의 모습에서 얼마나 깊은 인상을 받았는지를 이야기했다. 그러자 바시르는 웃으면서 이렇게 말했다. "우리는 살면서 별의별 일을 다 겪잖아요. 힘든 일을 겪으면서 배운 것들을 다른 사람들과 나누는 건 좋은 일인 것 같아요. 그러다 보면, 결국 모든 게 잘될 거라고 믿어요."

바시르와의 대화 이후, 나는 그를 모범 삼아 변화를 시도했다. 처음에는 어려웠다. 아직까지도 솔직하게 이야기하기보다, 그냥 아무 말 하지 않고 있을 때도 있다. 취약한 모습을 보이는 게 꺼려져서다. 하지만 내가 솔직하게 마음을 터놓으면 상대방도 마음을 열 때가 많다. 그렇게 서로 공감대를 발견하고, 새로운 대화를 통해 새로운 장으로 나아가는 경험을 하게 되는 것이다.

'다른' 이야기를 위한 실험 7

이번 장에서 미디어 소비를 줄이기 위해 제안한 것들 중 하나를 시도해 보라. 모든 것을 한꺼번에 실천할 필요는 없다.
가장 쉽게 바꿀 수 있는 것부터 시작해 보라. 변화를 꾀하기가 쉬운지, 어려운지를 관찰해 보라. 새로운 습관을 적용하는 기분이 어떤가.

아침이나 저녁에 잠시 시간을 내어 당신이 중요하게 생각하는 긍정적인 경험이나 아이디어가 있는지 생각해 보라. 다른 사람들과 나누면 좋을 것 같은 경험이나 생각이 있는가.
그렇다면 그것을 기억해 두고, 하루를 보내다가 대화가 벽에 부딪혔을 때, 혹은 대화를 이어 나갈 좋은 생각이 떠오르지 않을 때 활용하라.

대화 중 자신이 부정적인 이야기로 일관하고 있음을 깨닫는다면, 의식적으로 방향을 바꾸어 상황을 어떻게 변화시킬 수 있을지 생각해 보라. 기분이 매우 좋지 않은데도 가식적인 웃음을 지으라는 것이 아니다. 예를 들어, 자신이 겪고 있는 어려움과 관련해 어떤 해결책을 찾고 있는지 소리 내어 말해 보라.
그렇게 하는 것만으로도 대화의 새로운 장이 열릴 수 있을 것이다.

08
우리는 거의 모든 것에 대해 잘못 알고 있다

어둠은 빛을 파괴하지 않는다.
어둠은 빛을 정의한다.
우리의 기쁨에
그늘을 드리우는 것은
어둠이 아니라
어둠에 대한 두려움이다.

_ 브레네 브라운

뇌는 너무 많은 위험을 인식한다

우리가 무력감을 느끼고, 절망하고, 세상을 부정적으로 판단하는 것이 비단 뉴스 때문만은 아니다. 우리의 뇌는 자신에게 이로운 것보다 위험한 것에 더 초점을 맞추도록 진화되어 왔다. 텍사스 대학의 연구 결과에 따르면, 우리 생각의 60~70퍼센트는 부정적인 것들이다. 우리는 긍정적인 통념보다 부정적인 통념을 더 빨리 만들어 내고, 긍정적인 일보다 부정적인 일을 더 잘 기억하며, 실제로 긍정적인 일을 얼마나 많이 경험했는지는 과소평가한다. 우리는 부정적인 정보를 더 중시하며, 무언가를 결정할 때도 긍정적 정보보다 부정적인 정보에 더 큰 비중을 둔다. 이러한 경향은 상품 리뷰를 읽을 때에도 드러난다. 우리 대부분은 긍정적인 일을 추구하는 것보다 부정적인 일을 피하는 것을 더 중요하게 여긴다. 물론 이는 특정 상황에서 중요한 의미를 지닐 수 있다. 양 100마리와 호랑이 한 마리가 어슬렁거리는 들판에 서 있다면, 당연히 호랑이에게 집중하는 것이 의미 있을 것이다. 이 경우, 위험 요소에 초점을 맞춰야 생명을 보호할 수 있기 때문이다.

그러나 우리가 삶의 어느 시점에서 위험밖에 인식하지 못한다면 사정은 달라진다. 우리 삶의 대부분의 시간에 호랑이라고 할 만한 것은 전혀 존재하지 않는다. 그럼에도 우리는 호랑이가 나타날까 봐 두려워하며 몇 날을 보내고, 때로는 밤을 지새우기도 한다.

두려움은 생존에 도움이 되지만, 실제로 호랑이가 존재하는 상황에서만 도움이 된다. 뚜렷한 위험이 있을 때에만 도움이 된다는 것이다. 철길을 걸어가는데 기차가 달려오는 것이 보인다거나, 절벽에 다가서니 코앞에 낭떠러지가 있다거나, 집에 불이 났음을 알아차렸다거나, 강가에서 독사나 악어를 발견했다면 두려워해야 마땅하다. 이 모든 순간에 우리의 두려움은 진화적으로 획득한 본연의 기능을 한다. 임박한 위험에 대해 알려주고, 소중한 생명을 가능한 한 잘 지킬 수 있도록 도와준다. 그러나 일상에서 직면하는 대부분의 다른 상황에서는 두려움이 우리의 삶을 방해한다. 특히 우리가 두려움에 지배당할 때는 더욱 그렇다. 두려움은 우리의 시야를 흐리게 한 뒤, 안전해 보이는 길을 제시해 준다. 우리는 그 길을 따라가며 점점 목적지에 다다르고 있다고 믿을지 모르지만, 실은 제자리를 빙빙 돌고 있을 뿐이다. 뇌는 우리가 일상생활을 영위하는 데 필요로 하는 것보다 너무 많은 위험을 인식한다.

우리는 거의 모든 것에 대해 잘못 알고 있다

여기 세 가지 질문이 있다. 질문을 읽고 각자 답해 보라.

1. 지난 100년간 자연재해로 인한 사망자 수는 어떻게 변화했을까?
① 두 배 이상 증가했다.
② 같은 수준으로 유지되고 있다.

③ 절반으로 줄었다.

2. 1950년에 전 세계 에너지 소비량에서 원자력 에너지가 차지하는 비율은 0퍼센트였다. 오늘날 원자력 에너지가 차지하는 비중은 어떻게 변화했을까?
① 5퍼센트
② 25퍼센트
③ 45퍼센트

3. 지난 20년간 전 세계 자살률은 어떻게 달라졌을까?
① 25퍼센트 줄었다.
② 동일한 수준으로 유지되었다.
③ 25퍼센트 상승했다.

답을 모두 골랐다면, 계속 읽어 나가자. 하나 알려주자면, 당신이 세 문제 모두 맞히지는 못했을 가능성이 높다는 것이다. 어쩌면 세 문제 모두 틀렸을 수도 있다. 괜찮다. 나도 마찬가지였다. 퀴즈에 참여한 거의 모든 사람들의 점수가 안 좋았다. 이 질문들은 스웨덴의 비영리 재단 갭마인더^{Gapminder}에서 소개한 것들로, 총 18개의 질문 중 세 가지를 무작위로 골라 온 것이다. 자, 이제 정답을 말하겠다.

오늘날 100년 전보다 자연재해가 더 많이 발생함에도, 자연재해로 인한 사망자 수는 절반으로 줄었다. 이제는 과거보다 극도로 빈곤한 환경에서 살아가는 사람들이 훨씬 적고, 이에 따라 재난에도 훨씬 더 잘 대비되어 있기 때문이다. 나를 포함해 응답자의 84퍼센트가 이 문제에 틀린 대답을 했다.

두 번째 질문에 대한 답은 이렇다. 오늘날 전 세계 에너지 소비량 중 원자력 에너지가 차지하는 비율은 약 5퍼센트다. 생각보다 적은 수치라 해서, 원자력이 문제가 되지 않는다거나 위험하지 않다는 걸 의미하는 건 아니다. 5퍼센트만으로도 심각한 원자로 사고가 발생하기에 충분하다. 다만, 원자력 에너지 비율이 5퍼센트라는 것은 원자력을 포기한다고 해서 에너지 공급원의 상당수가 붕괴되는 것은 아니라는 걸 의미한다. 그러므로 대략적으로라도 이와 같은 수치를 알고 있는 것은 중요하다. 나를 포함한 응답자의 88퍼센트가 25퍼센트 혹은 45퍼센트라고 오답을 택했다. 원자력에 대한 논의가 많이 이루어지다 보니, 실제 사용되는 양도 많을 거라고 착각하는 것이다.

우리는 20년 전보다 자살 문제에 대해 더 많이 읽고, 보고, 듣는다. 어떤 주제에 대해 더 많은 사람들이 이야기하는 것을 듣다 보면, 우리는 그 문제가 더 심각해졌다고 받아들이기 십상이다. 그러나 실제로는 자살을 이야기하는 것이 예전보다 덜 금기시되고 있을 따름이지, 자살률은 오히려 25퍼센트 감소했다. 나를 포함한 응답자의 94퍼센트가 이 질문에 틀린 답을 골랐다. 연구에 따르면, 자살률이 낮아진 이유는 예방 조치 때문이라고 한다.

핫라인의 도움을 받기가 쉬워졌고, 무기나 극약을 가지고 있는 인구 비율이 줄었고, 심리 치료 체계가 개선되었고, 알코올을 남용하는 비율이 줄어들었다. 언론도 이 문제를 책임감 있게 보도하고 있다. 그럼에도 우울증을 겪는 사람들에 대한 편견을 줄이고, 심리 치료를 더 쉽게 받을 수 있도록 접근성을 개선하는 등 아직도 해야 할 일들은 많다.

오답을 골랐다고 해서 자신의 무지를 한탄하지는 말라. 대신, 자신이 생각했던 것보다 세상이 훨씬 나아졌다는 생각에 잠시 잠겨 보라. 자신의 지식을 더 테스트해 보고 싶은가. gapminder.org에 들어가면 전체 질문이 실려 있다. 그 사이트에 들어가면 이런 문구가 씌어 있을 것이다. Upgrade your Worldview.

퀴즈 쇼를 계획하고 있는데, 거기서 만점자가 나오지 않게 하고 싶다면 이 사이트에 있는 질문들이 도움이 될 것이다. 응답자들은 대부분 18개의 문제 중 1~4개 정도 정답을 맞혔다. 연구팀은 "차라리 눈을 감고 무작위로 찍었더라면 점수가 더 좋았을 것"이라고 말한다. 각각의 질문에 3가지 선택지가 있고, 무작위로 찍었다면 확률에 따라 세 질문 중 하나는 맞았을 테니 총 6개 정도는 정답을 골랐을 거라는 얘기다. 생각해서 답하는 것보다 그냥 눈감고 찍을 때 더 좋은 점수를 얻을 수 있다면, 그것은 우리가 무언가를 배우지 못했다기보다 잘못 배웠다는 걸 의미한다. 우리는 체계적으로 잘못된 판단을 하고 있는 것이다.

대부분의 사람들의 머릿속에 존재하는 난민 수는 실제 난민 수보다 10배 많다. 전 세계 여자아이들의 취학률은 60퍼센트로, 우리 대부분이 생각하는 것보다 높다. 저소득 국가에 거주하는 인구는 우리가 생각하는 것보다 적은 9퍼센트이며, 자기 집이나 가까운 이웃에서 깨끗한 식수를 얻을 수 있는 사람들의 비율은 70퍼센트에 이른다.

연구자들은 이렇게 결론 내린다. "머릿속이 이렇게 잘못된 판단으로 가득 차 있으면 지속 가능한 미래를 만들어 나갈 수 없다." 우리가 3000만 명이 아닌 3억 명의 난민이 삶의 터전을 잃은 채 전전하고 있다고 믿는다면, 이는 극우적 선동을 부추기게 될 뿐 아니라, 정의로운 난민 정책을 지지하는 사람들조차 그 문제를 부담스럽게 여기도록 만들 수 있다.

세계적으로 의회에서 여성 의원이 차지하는 비율은 실제 25퍼센트인데, 5퍼센트나 15퍼센트라고 잘못 판단하고 있었다면, 필요 이상으로 낙담할 수밖에 없다. 물론 25퍼센트라 해도, 50 대 50의 균형 잡힌 비율에 도달하려면 갈 길이 멀다. 그럼에도 이 수치는 우리 대부분이 생각하는 것보다 더 많은 진전을 이루었음을 보여준다. 평균 25퍼센트라는 것은 여성 의원 비율이 25퍼센트를 넘는 나라들도 있다는 이야기다. 가령 아이슬란드는 국회의원 중 47.6퍼센트가 여성 의원이다. 우리는 아이슬란드 같은 나라를 참고해, 정치에서 양성 평등이 이루어지려면 어떤 조치들이 필요한지 자문할 수 있다. 아이슬란드의 수치는 독일 연방의회의 여성 의원 비율 34.7퍼센트가 전 세계에서 아주 높은 수준은 아니라는 사실도 알려준다. 또한 정치인들이 간혹 다른 국가나 문화권에서 여성을 억압하고 여성의 권리 신장을 위해 충분히 노력하지 않는다고 비난하곤 하는데, 먼저 자국의 상황을 돌아보고 개선하는 것이 마땅하지 않을까? 그래도 독일에서는 16년간 여성이 독일의 정치를 이끌지 않았던가.(독일 제8대 연방 총리 앙겔라 마르켈을 말한다. 2005년 11월부터 2021년 12월까지 재임했다.-옮긴이) 이 주제와 관련해 갭마인더의 질문을 하나만 더 살펴보자.

Q. 1990년까지 세계에서 여성이 최고 통치권자가 된 나라는 18개국이었다. 2020년에는 이 숫자가 몇 개국으로 늘어났을까?
① 53개국
② 29개국
③ 78개국

아마도 이제는 감이 잡힐 것이다. 정답은 78개국이다. 전 세계 국가 중 3분의 1 이상이 여성 최고 통치권자를 둔 적이 있다. 하지만 응답자 중 78개국이라 답한 비율은 2퍼센트에 불과했다.

우리는 세계에 대해 아는 것이 정말로 그리 적은 걸까? 이 연구가 노르웨이, 스웨덴, 덴마크, 핀란드 사람들로만 이루어졌다는 것이 위안이 될지도 모르겠다. 이들이 전 세계를 대상으로 하는 학력 평가에서 늘 좋은 성적을 거두는 나라들이라 해도, 하필 이런 분야는 잘 몰라서 평균 이상으로 오답을 냈을지도 모르지 않은가.

그렇다면 영국에서 진행된 유사한 연구를 살펴보자. 2012년부터 40개국 10만 명 이상을 대상으로 실시한 '지각의 위험성Perils of Perception' 연구다. 연구 결과는 한마디로 "우리는 거의 모든 것에 대해 잘못 알고 있다"는 것이다.

이 연구에서도 퀴즈를 활용했는데, 스웨덴의 연구와는 다르게, 질문과 결과가 각 나라에 맞게 조정되었다. 가령 2000년 이후 독일의 살인 사건 발생률 변화를 묻는 질문에 응답자의 23퍼센트는 살인이 증가했다고 답했고, 30퍼센트는 동일 수준으로 머물렀다고 답했다. 14퍼센트만 살인이 감소했다고 답했는데, 이것이 정답이었고, 감소한 비율은 무려 33퍼센트였다. 독일에서 매년 15~19세 사이 소녀 중 몇 퍼센트가 임신하는지를 묻는 질문에 응답자들은 평균 16퍼센트라고 답했지만, 실제 수치는 0.6퍼센트였다. 독일의 20~79세 인구 중 당뇨병 유병률(전체 인구 중 환자 비율) 묻는 질문에 응답자들은 평균 31퍼센트가 당뇨병을 앓고 있는 것으로 추정했는데, 실제 수치는 7퍼센트였다.

모든 나라의 응답자들은 테러로 인한 사망 건수를 실제보다 더 높게 잡았다. 폭력과 마약 중독으로 인한 사망률도 그러했다. 우리는 살인 사건 발생률을 실제보다 높게 생각하고,

사회적 불평등과 실업률도 실제보다 높다고 여긴다. 거의 모든 면에서 실제보다 더 나쁘다고 평가한다. 그리하여 연령, 문화권, 국적을 막론하고, 우리 머릿속 세계는 실제 외부 세계보다 더 위험하다. 그리고 이것이 우리의 선택과 결정에 영향을 미친다.

휴가를 어디로 가야 하나. 자녀를 어느 학교에 보내야 할까. 우리는 얼마나 안전한가. 가까운 사람들에게 어떤 조언을 해야 하나. 유럽연합 탈퇴에 찬성해야 하나, 반대해야 하나. 실제 실업자 수는 인구의 20분의 1도 되지 않는데 3분의 1이라고 믿는다면, 선거에서 어떤 공약을 지지할까.

우리가 누구를 선출하느냐는 중요한 문제다. 그런데 우리가 선출하는 사람들은 어떤 이들인가. 바로 법을 제정하고 발효하는 사람들이다. 우리의 미래를 이런저런 방향으로 인도하는 사람들인 셈이다. 그렇다면 적어도 그들은 우리나라와 우리 대륙, 그리고 전 세계에서 일어나는 일에 대해 일반 시민들보다는 잘 알고 있지 않을까?

갭마인더 창립자 중 하나인 한스 로슬링도 그렇게 자문했다. 그는 《팩트풀니스》에서 2015년 다보스 세계경제포럼에서 했던 연설에 대해 이야기한다.

연단에 올라 청중에게 시선을 돌렸을 때, 여러 국가 원수들과 전 유엔 사무총장이 눈에 들어왔다. 텔레비전으로 본 유엔 기구 수장들, 주요 다국적 기업 지도자들, 언론인들도 보였다.

로슬링은 한껏 긴장했다. 그의 강연은 청중들에게 (우리가 방금 답했던 것과 비슷한) 질문을 던지고, 그들이 대부분 틀린 답을 하는 것을 전제로 이루어지는데, 다보스에 모인 정치인들이 옳은 답을 하면 어떡하나 하는 생각이 든 것이다. 만약 그런 일이 벌어진다면, 강연은 약간 맥없이 시작될 것이었다. 그래서 그는 다소 긴장한 낯빛으로 질문들을 던졌는데, 곧이어 자신이 공연한 걱정을 했음을 깨달았다. 정치인들은 빈곤에 대해서는 일반인들보다 더 많이 알고 있었지만(61퍼센트가 정답을 맞혔다), 다른 질문들에서는 그들 역시 무작위로 정답을 찍는 것보다 점수가 나빴다.

로슬링은 전 세계 순회강연을 하며, 매번 청중들에게 질문을 던지고 답을 듣는데, 청중들은 평균적으로 12개 질문 중 2개를 맞혔고, 만점자는 아무도 없었다. 몇 년간에 걸쳐 가장 좋은 점수를 받은 사람은 12개 질문 중 11개 정답을 맞힌 사람, 단 하나였다. 노벨상 수상자들의 정답률은 평균보다 더 저조하다. 로슬링은 이렇게 말한다. "이것은 지적 수준과 전혀 관련이 없는 문제다. 그저 모든 이가 세상에 대해 완전히 잘못된 인식을 가지고 있음을 보여줄 따름이다." 한편 그는 책 서문에서 이렇게 약속한다. "여러분이 결코 일어나지 않을 거라고 믿었던 많은 변화들이 이미 오래전에 일어났음을 증명해 보일 것이다."

세상은 분명 점점 더 나아지고 있다

유권자든, 정치인이든, 노벨상 수상자든, 경영인이든, 사람들은 대부분 완전히 잘못된 판단에 근거해 결정을 내릴 때가 많다. 개인적인 삶에서도, 정치에서도 마찬가지다. 리베카 솔닛은 《이것은 누구의 이야기인가》에서 공공기관이 재난 대응에 자주 실패하는 이유는 잘못된 가정에 기초해 결정을 내리기 때문이라고 분석한다.

한스 로슬링은 오늘날 우리는 역사상 처음으로 전 세계에서 전개되는 거의 모든 일들에 대한 데이터를 갖고 있는 시대를 살아가는데도, 사람들은 본능에 이끌려 '거의 히스테리적인' 세계관을 갖게 되었다고 경고한다. 그는 농담조로 이렇게 말한다. "사람들이 세계를 현실보다 훨씬 부정적으로 보는 한, 단지 통계 자료를 보여주는 것만으로도 그들의 기분을 밝게 만들 수 있을지 모른다."

나는 실제로 그런 효과를 자주 경험했다. 현실이 내가 예상했던 것보다 낫다는 걸 알려주는 소식을 접할 때마다, 내 마음속에서 작은 돌멩이 하나가 툭 떨어져 나간다. 대부분의 경우, 거기 돌멩이가 박혀 있었다는 사실조차 알지 못하지만, 그것이 떨어져 나가는 순간 커다란 안도감을 느낀다. 그런 맥락에서, 로슬링의 다음 문장은 언제나 도움이 될 것이다.

> 매년 조금씩, 조금씩 세상은 나아지고 있다. 모든 해의 모든 지표가 그런 것은 아니지만, 일반적으로는 그렇다. 우리가 거대한 도전에 직면해 있는 건 사실이지만, 그럼에도 엄청난 진보를 이루어 왔다는 것 역시 사실이다. 이것이 바로 사실에 입각한 세계관이다.

이 모든 것이 왜 중요할까? 모든 것이 점점 더 나빠지고 있다고 믿는다면, 우리는 지난 수십 년간의 노력이 헛되다고 믿게 되고, 그런 노력들을 지지하고 함께할 의욕도 사라진다. 우리는 그런 식으로 정치에 대한 믿음, 사회 진보에 대한 믿음을 잃어 간다. 실은 우리가 사회의 진보를 인식하지 못하기 때문인데도 말이다. 그렇다면, 우리가 거의 반사적으로 세상을 잘못 판단하는 경향에 맞서 무엇을 할 수 있을까.

우선, 대부분의 분야에서 장기적으로는 긍정적인 발전이 이루어져 왔음을 인식하는 게 중요하다. 이 사실을 내면화하는 데 도움이 될 만한 사고실험을 하나 제안한다. 버락 오바마의 연설에서 들은 내용을 바탕으로 재구성한 것이다.

어느 날 아침 일어났는데, 침대 앞에 타임머신 하나가 생겼다고 상상해 보라. 어디서 왔는지, 어떻게 방 안에 있게 되었는지는 알 수 없다. 하지만 이 기계가 완벽하게 작동한다는 건 확실히 안다. 타임머신 창문에는 사용 설명서가 걸려 있다. 이제 당신은 남은 인생을 현재에서 계속 살아갈 것인지, 당신이 원하는 과거 어느 시대로 돌아가 살아갈 것인지 결정할 수 있다. 미래로의 여행은 유감스럽게도 불가능하고, 과거로만 갈 수 있다. 혼자 갈 필요는 없다. 사랑하는 사람이나 친구 등 누구든 데려갈 수 있다. 우리는 사회적 존재이니까 말이다. 다만 타임머신 여행에는 조건이 하나 있다. 당신이 선택한 시대로 갈 수는 있지만, 어떤 성별, 성적 지향, 피부색, 민족, 사회 계층, 소득 계층에 속할지는 예측할 수 없다. 카드는 새롭게 섞인다. 어느 시대를 선택하겠는가. 타임머신에 오르겠는가. 아마도 많은 사람들은 이 특별한 기회를 마다할 것이다. 여전히 불평등과 불의가 존재하는 건 사실이지만, 그럼에도 오늘날 세상은 이전 그 어느 때보다 정의롭고 공정해졌기 때문이다.

오바마는 "전반적으로 볼 때, 오늘날 세계는 그 어느 시대보다 부유하고, 교육 수준이 높고, 건강하고, 폭력이 줄어든 상태"라면서 "매일 접하는 뉴스를 고려하면 상상이 잘 안 될지 몰라도, 엄연한 사실"이라고 말했다.

그러므로 다음에 어떤 문제와 관련해 나쁜 소식을 듣게 된다면, 다음과 같은 질문을 던져 보라. 같은 문제에서 긍정적인 변화가 일어났다면, 나는 그 소식을 들었을까? 들었다면, 어디에서 어떻게 들었으며, 얼마나 많은 사실을 알게 되었을까? 언젠가 모든 긍정적 변화, 혹은 최소한 가장 중요한 긍정적 변화를 인식하게 될 거라고 확신할 수 있는가? 그것이 내 친구들이나 가족들에게 일어난 변화든, 우리 사회에서 일어난 변화든 간에 말이다.

당신의 지각, 뇌, 주의력이 대부분의 사람들과 비슷하게 기능한다면, 아마도 당신은 긍정적인 변화들을 알아차리지 못한 채 흘려보내고 있을 것이다. 분명한 변화가 있다는 게 확실히 입증되었음에도, 우리는 그것을 보지 못하게 되었다. 우리는 개인적으로나 정치적으로나, 장기적인 개선보다 단기적인 악화를 훨씬 더 명확하게 인식한다. 그러므로 우리 주변에서 긍정적인 것들을 다시 보려면, 그것들을 드러내고, 눈에 띄게 만들어야 한다. 적극적으로 찾아 나서야 한다. 우리는 그렇게 할 수 있다.

우리에게 이정표가 필요한 이유

우리가 부정적인 사실뿐 아니라 긍정적인 변화에도 주목하려 할 때, 처음에는 그것이 굉장히 인위적이고 억지스런 일처럼 느껴질 수 있고, 마치 상황을 미화시키는 것처럼 여겨질 수 있다. 나는 그게 어떤 느낌인지 잘 안다. 세상에는 아직 많은 불행과 불의가 존재하는데, 어떻게 개별적이고 사소한 진보에 기뻐할 수 있단 말인가. 하지만 아직 모든 것이 성취된 것은 아니라 하더라도, 이정표가 될 만한 일들에 대해 축하할 수 있고, 그렇게 하는 것이 좋다고 생각한다. 이정표가 되는 일들은 아무리 작은 것이라도 우리가 무언가를 성취했음을 보여준다. 우리가 무력하지 않으며, 우리와 우리 후세대들이 살아가게 될 미래를 함께 만들어 나갈 수 있음을 보여준다.

새로운 세계관을 공유하려 할 때, 우리는 저항에 부딪힐 수 있다. 우리 대부분이 그러하듯, 부정적인 것만 보는 데 익숙한 사람들에게 긍정적인 사실을 제시하면, 그것을 마치 비현실적인 것으로, 혹은 상황을 축소하거나 미화하는 것으로 여길 수 있다. 나 역시 지난 몇 달간 다큐멘터리 영화 〈우리는 지금 여기에 있어요〉를 둘러싼 대화를 통해 계속해서 그런 경험을 했다. 앞서 언급한 바 있듯, 이 영화는 일곱 명의 청년 난민이 독일에서 정착해 나가는 과정을 담았는데, 우리는 이 영화에서 의식적으로 혈혈단신 독일로 건너온 청년들만 인터뷰했다. 이들이 모든 정당의 정치인들과 일부 언론인들에게서 인종차별, 우익 선전, 그리고 혐오의 대상이 되고 있었기 때문이다. 가령 공영 방송 ARD의 정치 토크 쇼 〈하르트 아버 페어Hart aber fair〉는 방송 제목을 이렇게 뽑기도 했다. '전쟁으로부터, 후진 사회로부터 도망쳐 나온 젊은이들—그들을 과연 통합할 수 있을까? 그들로 인해 독일은 얼마나 불안정해질까?' 우리는 다큐멘터리를 통해 다른 관점을 더하고자 했다. 독일에서 새로운 출발을 하는 사람들이 얼마나 다양한 경험을 하는지 보여주고 싶었고, 그렇듯 다양한 경험들에 대해 단일한 평가를 내리는 것이 얼마나 불가능한지를 보여주고자 했다. 2015년 난민 수용 정책 실행 이후 통합이 제대로 이루어지고 있는지 아닌지에 답하는 대신, 관객들에게 다른 질문을 던지고 싶었다. 통합이 이루어지려면 무엇이 필요할까? 다수에 속하는 우리는 어떤 역할을 해야 할까?

다큐멘터리에서 젊은 남성들은 독일에 도착한 첫날부터 우리와 인터뷰하기까지 어떻게 지냈는지 자신의 이야기를 들려준다. 누군가 벽에 부딪히거나 좌절한 경험에 대해 이야기하면, 우리는 이런 질문을 던졌다. "그럼에도 계속 나아갈 수 있는 힘을 준 것은 무엇인가요?" "어려움을 어떻게 극복할 수 있었나요?" "어떻게 다시 용기를 얻을 수 있었나요?" 그러자 그들은 가족같이 대해 주었던 우정에 대해, 컨테이너에서 2년간 살다가 처음 자기 집을 마련했을 때의 기쁨에 대해, 3년 반 동안 이산가족으로 살다가 다시 자녀들을 품에 안았을 때의 그 형언할 수 없는 감정에 대해 이야기했다. 물론 인종 차별을 비롯한 숱한 차별들, 독일에 계속 머물 수 있을지 없을지 알 수 없어 수년간 불안에 떨던 나날들, 몸이 아파 치료를 받던 일들, 우울에 떨어졌던 시기들, 잠 못 이루던 수많은 밤들, 아버지의 부고를 받은 일, 일자리를 구할 수도 독일어를 배울 수도 없었던 날들, 여전히 전쟁의 참화 속에서 살고 있을 가족들에 대한 걱정, 혼자만 안전하게 있다는 것에 대한 죄책감 등 힘겹고 어두운 이야기들도 털어놓았다. 〈우리는 지금 여기에 있어요〉는 무작정 '기분 좋아지는 영화'는 아니다. 다만, 다양한 감정들을 불러일으킴과 동시에 희망을 보여주는 영화다.

지금까지 300회 넘는 영화 토론회에서, 우리는 왜 성공적인 삶을 살아낸 청년들만 선택해 다큐멘터리를 만들었느냐는 질문을 많이 받았다. 처음에 나는 사람들이 왜 이런 질문을 하는지 이해하지 못했다. 시간이 흐르면서 알고 보니, 일부 관객들은 우리 다큐멘터리에 등장하는 청년들이 오로지 부정적인 이야기만 하지 않는다는 이유로 그들이 긍정적인 이야기만 하는 것처럼 느꼈던 것이다. 사실 굳이 따지자면, 영화의 약 3분의 2는 대체로 '부정적인' 내용이고, 3분의 1만 '긍정적인' 내용이다. 긍정적인 이야기도 담겨 있었지만, 부정적인 이야기가 더 많이 담겨 있는 것이다. 그럼에도 많은 사람들이 영화에 담긴 긍정적인 이야기로 인해 거기 등장하는 청년들은 '모든 일이 잘 풀렸다'는 인상을 받는다. 범죄를 저지르지도 않았고, 마약에 중독되지도 않았고, 감옥에 들어가지도 않았고, 추방되지도 않았으니 말이다.

하지만 사실 청년 난민들 중 바로 앞에서 언급한 부정적인 상황에 처하는 사람들의 비율은 그리 높지 않다. 최근 독일에 온 사람들 대부분은 새로운 고향에 비교적 잘 정착한다. 갖가지 장애물과 편견과 인종차별이 있음에도 불구하고, 그들은 친구와 집과 일자리를 얻는다. 그럼에도 우리는 그런 사람들이 마치 예외적인 경우인 것처럼, 모든 것이 잘 풀린 특별한 사람들인 것처럼 여긴다. 사실 그들은 예외가 아니라 일반적인 경우이며, 다만 모든 일이 잘된 것도 아니고, 모든 일이 잘못된 것도 아닌 사람들일 뿐이다.

작가 세이다 쿠르트는 "미디어가 현실을 구성한다는 것은, 우리 공동의 사회적 현실에서 미디어를 통해 드러나야지만 비로소 보이는 것들이 있다는 의미이기도 하다"면서 이렇게 말한다.

> 지배적인 사회의 구성원 대부분은 동질적인 환경에서 살아간다. 백인들은 백인들끼리, 중산층은 중산층끼리, 시스젠더는 시스젠더끼리 어울려 살아간다. 그런 까닭에, 소외된 사람들의 현실에 대해서는 대부분 미디어를 통해서만 배운다.

내가 아는 한, 왜 성공적으로 정착한 사례만 다루었느냐고 묻는 사람들 중 평균 이상으로 인종차별적인 성향을 가진 사람은 아무도 없었다. 그들 중 다수가 오랫동안 난민 관련 일을 하거나 자원봉사를 해왔고, 난민들의 추방을 막기 위해 애쓰며 더 공정한 난민 정책을 지지해 온 사람들이다. 그럼에도 그 질문에는 고정관념이나 편견이 반영되어 있다. 우리는 공개 토론에서 새로 정착한 사람들이 봉착하는 문제들이나 소수가 야기하는 문제들을 다루기에, 트라우마, 두려움, 절망에 대해 말하면서도 때로 농담을 하고, 새로 배운 언어로 유창하게 정치적 견해까지 표명하는 청년들이 특이한 존재로 보이는 것이다.

내가 이런 이야기를 하는 것은 관객들의 질문이 잘못되었다고 말하려는 것이 아니다. 나는 왜 그런 질문이 나오는지를 너무나 잘 안다. 나 역시 그렇게 반응할 때가 있다. 내가 잘 알지 못하는 주제나 삶의 영역에서 그런 반응을 할 때가 많다. 내가 그런 질문에 대해 언급하는 까닭은 좋지 않은 일들, 악화되어 가는 일들, 불행한 일들을 '예외'가 아니라 '보통'이고 '일상'이라고 여기는 경향이 얼마나 만연되어 있는지를 이해하기 위해서다. 이런 경향은 우리가 통계 퀴즈에서 형편없는 성적을 내도록 할 뿐 아니라, 주변 사람들을 어떻게 인식하고 어떻게 대하느냐에도 영향을 미친다.

우리의 인식이 현실을 만든다

뇌가 거의 마술처럼 부정적인 생각에 빠져든다는 것을 깨달은 이후, 나는 그런 생각에 귀 기울이는 대신 의식적으로 생각의 방향을 전환하는 일이 훨씬 더 수월해졌다. 물론 나는 이 책을 쓰기 전에도 오랫동안 그렇게 하려 애써 왔다. 하지만 내 머릿속에서 일어나는 일을 정확히 이해하게 된 것은 이 책을 쓰기 위해 이런저런 자료를 조사하고 공부하면서부터다.

우리 뇌에는 최소 100조 개의 시냅스가 작동하고 있다. 하지만 뇌가 아무리 고도로 발달해 있을지라도, 그 능력은 제한되어 있다. 그리하여 우리는 주변에서 일어나는 일들 중 극히 일부만 인식할 수 있다. 뇌는 초당 40~50개의 개별 정보를 처리할 수 있다. 이것만으로도 많은 양이지만, 우리의 뇌가 수신하는 정보의 양과 비교하면 아무것도 아니다. 뇌는 초당 1100만 개의 정보를 수신한다. 우리는 수신된 정보 중에서 1000분의 1도 처리하지 못한다.

상상해 보라. 당신 앞에 거대한 항공사진이 걸려 있고, 그 사진에 바덴뷔르템베르크 주의 주민 1100만 명이 거의 바늘구멍만 하게 묘사되어 있다. 그리고 당신은 그중 40명에서 최대 50명까지만 인식할 수 있고, 나머지는 그냥 없는 것처럼 여긴다. 우리의 뇌는 그렇게 작동하는 것이다.

이로부터 두 가지 사실을 알 수 있다. 첫째, 우리가 같은 장소, 같은 시간, 같은 상황에 있더라도, 모두 똑같은 것을 인식할 확률은 매우 낮다. 둘째, 우리가 각각 무엇을 인식하느냐는 매초 어디에 주의를 기울이느냐, 어떤 40~50개 정보를 선택하느냐에 따라 달라진다.

물론 우리가 뇌의 프로세스를 조절할 수는 없다. 매초마다 시간을 멈추고, 1100만 개의 정보를 빠르게 살펴본 뒤, 50개를 선택하겠다고 할 수는 없다. 뇌는 우리와 상의하지 않는다. 뇌는 어떤 정보가 필수적이고, 어떤 정보가 덜 중요한지를 상황에 따라 알아서 결정한다. 뇌는 호랑이로부터 우리를 보호하기 위해 부정적이고 위험한 정보들에 집중하도록 설계되어 있다는 사실도 잊지 말자.

하지만 장기적으로 우리는 어떤 정보를, 아니 더 정확히 말하면, 어떤 종류의 정보를 상위 50개에 둘 것인지에 영향을 미칠 수 있다. 주의력 훈련을 하면서, 주변에서 긍정적인 것들을 의식적으로 지각하고자 노력하면, 우리의 인식을 바꿀 수 있고, 이를 통해 현실도 변화시킬 수 있다.

몇 년 전, 여동생이 가족 단톡방에 이런 글을 올렸다.

교사가 학생들에게 종이를 한 장씩 나눠주며 깜짝 테스트를 한다. 과제는 쉬워 보인다. 방금 나눠준 종이에 무엇이 보이는지 묘사하면 된다. 종이는 흰색이고, 가운데에 검은 점 하나가 있다. 주어진 시간이 끝난 뒤, 교사가 답안지를 모아 읽어주었는데, 거의 모든 학생이 검은 점의 크기, 색깔 등에 대해 썼다.

교사가 말했다. "종이의 빈 공간, 흰색 여백에 대해서 쓴 사람은 아무도 없네요. 모두가 검은 점에만 집중했군요. 삶에서도 똑같아요. 우리는 백지를 받았고, 그것을 활용하고 누릴 수 있지만, 검은 얼룩에만 신경을 쓰지요. 나쁜 성적, 어려운 관계, 건강 문제, 금전 문제, 갖가지 걱정, 두려움, 실망 같은 것들 말이에요. 하지만 우리에게는 삶을 놀라운 선물로 받아들일 이유가 충분히 있어요. 늘 웃을 이유가 있고, 축하할 이유가 있고, 기뻐할 이유가 있지요. 우리가 삶 전반에서 경험하는 것들 중 어두운 부분은 아주 작아요. 그럼에도 우리는 그것에 몰두하느라 삶의 기쁨을 제대로 누리지 못하죠. 검은 점을 인식하되, 흰 종이에도 주의를 기울이세요. 삶의 숱한 가능성들과 행복한 순간들에 대해서 말이에요."

누가 지어낸 글인지, 실제로 있었던 일인지는 알 수 없지만, 나는 단박에 이 이야기가 마음에 들었다. 한번 읽은 뒤 자꾸만 생각이 나서, 커다란 백지를 가져다가 한가운데 검은 점을 그린 뒤 액자에 넣어 침실 벽에 걸어 두었다. 그 뒤로, 매일 아침 일어날 때, 매일 밤 잠자리에 들 때, 매일 하루 일과를 보낼 때, 작고 검은 점과 크고 흰 여백이 내 주변에서 일어나는 멋지고 특별한 일들을 상기시켜 준다.

나는 매일 아침저녁으로, 하루 동안 만난 작은 기적을 적는다. 이를테면 감사한 사람들, 신선한 생각들, 마음이 따뜻해지는 만남들, 이웃과의 대화, 황금빛 저녁노을, 아침 안개, 타닥거리는 장작불, 알람 없이 개운하게 잠에서 깬 순간, 아름다운 영화 같은 것들 말이다. 아름답게 기억되기만 한다면, 그 어떤 순간도 매일의 기적 목록에 포함시킬 수 있다.

나는 몇 년째 이 일을 하면서, 거의 매일 내게 떠오르는 많은 것들에 놀란다. 물론 여전히 나는 삶의 좋은 순간들, 세상의 아름다운 것들에 제대로 주목하지 못할 때가 많다. 그럼에도 그냥 지나쳐 버리지 않고 주의를 기울일 때마다, 내 삶에서 아름다운 순간이 더 많아지는 걸 느낀다. 이런 방법은 세상에서 내가 설 자리가 없어진 것 같을 때, 아무것도 되는 일이 없는 것 같을 때, 어두운 동굴 속으로 숨어들고 싶을 때, 특히 큰 힘을 발휘한다. 한동안 나는 일상의 기적 목록을 소중히 모았고, 그걸 적은 쪽지들을 작은 상자에 간직했다. 마음이 바닥으로 곤두박질치는 날, 모든 것이 나빠지고 있는 것만은 아님을 상기시키기 위해 열어 볼 자신감 보관함 같은 거였다.

물론 작은 기적들을 모으는 동안 불쾌한 일들이 없었던 것은 아니다. 두려워하고, 울고, 다투고, 분노해서 소리를 지르고, 미칠 것만 같은 날들도 있었다. 사람에 목말랐고, 낯선 곳을 동경했으며, 지나간 시간들을 그리워했다. 뼈가 부러지는 일도 겪었고, 몸이 아팠으며, 해야 일들이 너무 많은데 그것들을 다 해낼 힘은 없었다. 그런 상황이 바뀔 수 있다는 희망을 잃고는 했다.

내가 몇 년 전부터 매일 아침저녁으로 '문제 목록'을 작성했다면, 그것은 '작은 기적의 목록'만큼 길고 세세했을 것이다. 어쩌면 더 길고 세세했을지도 모른다. 삶의 구석구석에서 끊임없이 부정적인 것을 발견했을 것이고, 어느 순간 그냥 눈을 질끈 감아 버리고 싶은 지경에 이르렀을 것이다.

삶이 어렵지 않다거나, 불공평하지 않다거나, 복잡하지 않다는 이야기가 아니다. 다만 부정적인 것들에 지나치게 집중하는 것은 아무런 도움이 되지 않는다는 것뿐이다. 이는 내가 최근에 읽은 체로키족 전설에 나오는 두 늑대 이야기와 맞닿아 있다. 이 이야기에서 할아버지는 손자에게 두 늑대 비유로 우리 내면에 대해 말해 준다. 착한 늑대와 나쁜 늑대가 시종일관 다투는데, 나쁜 늑대는 미움, 분노, 질투, 탐욕, 조급함, 걱정, 고통, 질투, 교만과 같은 감정을 상징하고, 착한 늑대는 사랑, 기쁨, 평온, 인내, 희망, 겸손, 연민, 쾌활함, 관대함을 나타낸다. 손자가 묻는다. "어떤 늑대가 이기나요?" 그러자 할아버지가 답한다. "네가 먹이를 주는 늑대가 이기지."

우리의 인식이 현실을 만든다. 나 스스로 자신감, 사랑, 힘, 용기를 찾아야만 다른 이들에게도 그것들을 전달할 수 있다. 좋은 것은 원형의 파동을 일으키며 퍼져 나가고, 우리는 그 일을 바로 자신이 서 있는 그 자리에서 시작할 수 있다. 그 효과는 때로 미미해 보일 수 있다. 순식간에 온 세상을 바꾸어 놓는 거대한 혁명이 아니다.

리베카 솔닛은 "생각은 행동이 되고, 사물의 질서가 되지만 (…) 거기에 도달하기까지 지름길은 없다"면서, "그 누구도 자기 행동의 결과를 예측할 수 없다. 역사는 놀라운 방식으로 세상을 변화시킨 작은 행동들로 가득 차 있다"고 말한다.

우리 주변에 우리가 영향을 줄 수 있는 사람들, 그러니까 우리가 이런저런 방향으로 그들의 생각과 경험, 생활방식에 영향을 미칠 수 있는 사람들이 있다는 사실을 과소평가하지 말라. 우리의 주의를 다른 곳으로 돌릴 때 어떤 일이 일어날지 예측할 수 없다. 우리 뇌가 상위 50개 정보를 택할 때 이전보다 긍정적인 것을 더 많이 받아들인다면 어떤 일이 일어날까.

무언가 잘못될 수 있다는 생각에 다시 울적한 기분이 들 때면, 나는 주변으로부터 들려오는 소음을 줄이려 노력한다. 휴대전화를 한쪽으로 치워두고, 한동안 뉴스도 보지 않은 채 내 삶의 좋은 것들을 상기하며, 소소하게 세상에 변화를 줄 수 있는 방법을 모색한다. 누군가에게 웃음을 주거나, 나무를 심거나, 혹은 그저 지금 이 순간 기분이 조금이라도 나아지도록 애쓴다.

예전에는 나 자신을 비난하곤 했다. '넌 세상의 고통에 눈을 감고 있어.' '넌 포기하고, 굴복하고 있어. 다시는 그런 일이 있어서는 안 된다고 소리를 높였지만, 지금 매일같이 나쁜 일들이 세계 곳곳에서 일어나도 그냥 방관하고 있잖아. 넌 싸움에서 지고 있어.' 그러나 요즈음에는 달리 생각한다. '이것이 네가 할 수 있는 최선이야. 모든 싸움에서 이길 수는 없어. 투쟁하려면 힘이 필요해. 힘을 잃지 않도록 너 자신도 돌봐야 해.' 흑인 레즈비언 작가 오드리 로드Audre Lorde는 말한다. "나 자신을 돌보는 것은 사치가 아니다. (…) 이것은 자기 보존 행위이며, 그런 까닭에 정치적 투쟁 행위이기도 하다."

우리 삶에 긍정적인 요소를 받아들이자. 부정적인 요소를 애써 외면하자는 뜻이 아니다. 왕좌에서 부정적인 것을 밀어내고 긍정적인 것만을 올려 두자는 말이 아니다. 내 말은 그저 부정적인 것만 있는 곳에 긍정적인 것도 더하자는 것이다. 부정적인 것을 조금 옆으로 밀어 두고, 긴장을 풀고 만족스럽게 미소 지으며 등을 기대기에 충분한 자리를 좀 확보하자는 것이다. 그리하여 우리의 세계관에 이런저런 아름다운 것들, 좋은 소식들, 평소에는 그냥 흘려 넘겼을 작은 진보들을 채워 넣자는 것이다. 비판적인 시각은 여전히 유지해도 된다. 비판하면서도, 공감하는 존재로 살아갈 수 있다. 긍정적인 것에 좀 주의를 기울인다고 하여, 걱정이 한순간에 사라지는 것도 아니다.

그럼에도, 그 작은 변화가 우리 내면에서는 혁명처럼 느껴질 수 있다. 마치 내면의 진정한 권력 교체가 이루어진 것처럼 말이다. 한번 시도해 보라.

'다른' 이야기를 위한 실험 8

―――
주변 사람들과 함께 갭마인더 문제를 풀어 보라.
웃음꽃을 피우는 즐거운 시간이 될 것이고, 이를 통해 세상을 바라보는
각자의 시각을 새롭게 할 수 있을 것이다.

―――
일주일 동안, 매일 그날 있었던 긍정적인 일들을 세 가지씩 적어보라.
저녁마다 그날의 일들을 한꺼번에 적을 수도 있고, 하루 중
기억날 때마다 메모해 두어도 좋다. 기록한 것들을 빈 상자에 넣어두고,
필요할 때마다 열어 보는 자신감 상자로 활용해도 좋다.

―――
한 주를 마칠 때 5분 정도 시간을 내어 지난 일주일간의
'작은 기적 목록'을 되새기라. 그런 다음, 기분이 어떤지, 지난 한 주를
바라보는 시각이 달라졌는지 스스로를 관찰하라.
자신의 마음 상태에 주의를 기울여 보라.

09

우리는 혼자가 아니다

새로운 새벽은
우리가 그 새벽을 해방시킬 때
피어나는 것
우리에게
그 빛을 볼 용기가 있다면
우리에게
그 빛이 될 용기가 있다면
빛은 언제나 존재하기에

_ 아만다 고먼

무엇보다 중요한 건 첫걸음을 내디디는 것

"아이를 가질 준비가 되어 있는 경우는 거의 없다. 대개는 어느 날 갑자기 찾아와 당신을 필요로 하게 된다. 그런데 우리 아이는 친절하게도 미리 연락을 해 주었다."

몇 년 전, 우리가 발표한 글은 이렇게 시작된다. 그 글에서 우리는 살아오면서 겪은 가장 황당하고 무모한 여행에 대해 이야기했다. 그 여행은 이렇게 시작되었다.

"나 어디 있게요?" 하시브는 마치 퀴즈라도 내듯 내게 물었다. "독일?" 나는 그 아이가 바닷길을 이미 건넜으면 하는 마음에 그렇게 되물었다. 독일에 도착해 있기를 바랐다. 전화기 너머로 들리는 목소리가 무척 밝게 느껴지기도 했다. "아뇨, 아뇨." 아이가 웃으며 말했다. "그리스?" 내가 계속 헛다리를 짚자, 마침내 아이가 외쳤다. "헝가리예요!" 곧이어, 경찰이 자기를 체포해 지문을 채취했다면서, 부다페스트 인근의 미성년 난민 수용소에 있다고 했는데, 이내 전화 연결이 끊겼다.

하시브는 우리가 카불에서 알게 된 아이였다. 당시 그 아이는 우리에게 카불에서 탈출할 계획이라고 말했고, 우리는 도중에 무슨 일이 생길까 봐 걱정되어 만류했다. 그럼에도 하시브는 탈출을 감행했고, 이제 헝가리 난민 수용소에 있는 것이었다. 통화가 끝난 후, 우리는 하시브를 독일에 데려올 수 있는 합법적인 방법을 찾기 시작했다. 우리가 신원을 확인해 줄 수 있는 미성년자였기에, 방법이 있을 거라고 확신했다.

하지만 그런 방법은 존재하지 않았다. 그리하여 우리는 며칠 뒤 하시브를 불법적으로라도 독일에 데려오기로 했다. 세심한 계획이 있었던 것은 아니다. 다만 상황을 조금이라도 개선하기 위한 첫걸음을 뗀 것뿐이었다. 그때 우리가 발 벗고 나선 까닭은 하시브가 처한 개인적 상황 때문만은 아니었다. 너무나 많은 사람들이 아프가니스탄에서 유럽으로 건너오다가 목숨을 잃고 있었는데, 독일은 재정적·사회적 자원이 있음에도 이 문제를 해결하기 위한 아무런 노력도 기울이지 않고 있었다. 그러니, 하시브를 헝가리에서 데려오는 일은 이 문제와 관련해 무력감을 느끼던 우리가 찾아낸 'X'였다.

하시브를 데려오는 길에 우리는 그 어느 때보다 긴장했다. 무슨 일이 일어날까 봐 두려웠다. 무엇보다, 우리가 경찰에게 붙잡히면 하시브한테 무슨 일이 생길까 봐 두려웠다. 하지만 다행히 아무 일도 일어나지 않았다. 하시브는 자동차 뒷좌석에 누워 있었고, 우리는 국경을 포함한 그 어디에서도 검문을 받지 않았다. 그렇게 함부르크에 도착했을 때, 우리 셋은 함께했던 여행이 이제 막을 내렸다고 생각했다. 하지만 상황이 다르게 전개되었다. 난민 수용소에 들어간 하시브의 상태가 날이 갈수록 안 좋아졌고, 우리는 결국 그 아이를 집으로 데려와 함께 살기로 결정했다. 물론 하시브도 싫어하지 않았다. 그리하여 하시브는 우리의 양아들이 되었고, 우리는 그 아이의 양부모가 되었으며, 그렇게 한 가족을 이루어 새로운 삶을 살게 되었다.

나는 당시 우리가 함께 쓴 글에 이렇게 적었다. "하시브가 탈출한 뒤 우리와 함께 살게 되리라는 것을 미리 알았더라면, 우리는 아마 헝가리로 가지 못했을 것이다. 상상만으로도 버거웠을 테니 말이다." 다행히 우리는 그것을 알지 못했고, 다행히 무작정 실행했다. 그리고 지금은 확신한다. 지금까지 내 삶에서 내린 모든 결정 가운데 하시브의 탈출을 도운 것이 단연 최고의 결정이었다고 말이다.

그 일을 통해, 나는 우리의 작은 결정이 얼마나 커다란 영향을 끼칠 수 있는지를 깨달았다. 우리가 삶에 기회를 주고, 지금 할 수 있는 일을 하며 한 걸음 한 걸음 나아갈 때, 삶이 얼마나 풍요로워질 수 있는지도 깨달았다. 많은 경우, 우리는 지금 발을 내디디는 이 길이 어디를 거쳐 어디에서 끝나는지 알지 못한다. 심지어는 처음 한 발자국만 보이고, 그다음 발자국은 아예 보이지 않는 경우도 있다. 하지만 과감히 첫발을 내디딤으로써, 우리는 모든 것을 시작할 수 있다.

물론 그런 작은 변화로 세상을 구할 수는 없다는 걸 잘 알고 있다. 하지만 절망에 빠진 채 집 안에 웅크리고 앉아 얼굴을 찌푸리고 있으면 아무것도 할 수 없다. 세상 곳곳에서 많은 사람들이 내디디는 작은 발걸음이 모여 어떤 변화를 이루어 낼지 누가 알겠는가. 그런 작은 발걸음이 이미 어떤 소중한 변화를 가능케 했는지 누가 알겠는가. 정치학자 나타샤 스트로블Natascha Strobl은 말한다. "미래는 훨씬 나아질 수 있다. 이를 위해 싸우는 건 가치 있는 일이다."

만약 목표를 이루지 못한다면 어떻게 해야 하나? 첫걸음조차 우리 생각대로 되지 않는다면 어떻게 해야 하나? 물론 그렇게 될 수도 있다. 그래도 나쁜 일은 아니다. 불가능한 일이라 하더라도 시도하는 것 자체가 우리에게 도움이 된다. 비록 실패하더라도, 우리는 경험을 축적하고, 성장할 것이며, 나중에 또 다른 첫걸음을 내디딜 때 도움을 줄 사람들도 만날 수 있기 때문이다. 정치가 아미나타 투레Aminata Touré는 최악의 상황을 피하는 것만으로도 좋은 일이라고 말한다. "한 걸음 앞으로 나아가지 못하면 좀 어때요. 한 걸음 뒤로 물러나지 않은 것만으로도 좋은 일이죠."

어떤 문제에 대한 시위, 운동, 항의가 꼭 문제 해결로 이어져야만 성공하는 것은 아니다. 많은 사람들이 연대해 목소리를 내고, 더 나은 미래를 요구했다는 사실만으로도 이미 성공한 것이라고 볼 수 있다. 결과를 떠나, 함께 변화를 도모하는 것 그 자체가 개개인의 삶을 변화시킨다. 실패 자체보다 실패에 대한 두려움이 우리의 발걸음을 가로막는 경우가 훨씬 많다. 커다란 목표에 도달하지 못할까 봐 두려워서 첫걸음을 내디딜 기회조차 흘려보내는 경우가 얼마나 많은가.

독일에 도착한 직후, 하시브는 '식스 팩'을 만들고 싶다고 했다. 그 후 두 달이 채 지나지 않았을 때, 하시브는 티셔츠를 들어 올리며 말했다. "이거 보세요, 식스 팩 완성!" 하시브의 도전은 계속되었다. 독일어를 배우고 싶어 했고, 독일어를 배웠다. 실업학교를 졸업하고 싶어 했고, 실제로 졸업했다. 김나지움(인문계 중고등학교)에 입학해 한 학년을 더 공부하고 싶어 했고, 정말로 그 일을 해냈다. 해외 무역 분야에서 직업 교육을 받고 싶어 했고, 인턴 자리를 찾았다. 그 뒤 아프가니스탄의 상품들, 손으로 짠 가구들, 입으로 불어 만든 유리잔을 들여와 판매하고 싶어 했으며, 내가 이 장을 쓰던 시기에 카불에서 온 첫 상품 상자를 '언박싱'하는 영상을 보내왔다.

하시브는 무언가 하려고 마음먹으면 반드시 실행에 옮긴다. 하시브는 이를 어머니에게서 배웠다고 말한다. 어렸을 때부터 어머니가 격려의 말을 많이 해주었다는 것이다. 정말로 원하는 것이 있다면, 언젠가는 꼭 이룰 수 있다고 말이다. 하시브는 자신의 비결이 꿈을 한 장면, 한 장면 가능한 한 정확하게 영화처럼 상상하는 데 있다고 말한다. 마치 미래가 과거이고, 꿈이 예전의 기억인 것처럼 말이다. 그렇게 하다 보면 어떻게든 방법을 찾게 된다는 것이다. 하시브가 우리와 함께 살게 되었을 때, 나는 나 역시 어린 시절에 그런 태도로 살왔던 적이 있었다는 걸 기억해 냈다. 어디선가 그걸 잃어버린 게 분명했다.

때로는 인내심을 가지고 기다려야 한다

여덟 살 때, 나는 친한 친구 두 명과 함께 '환경보호 클럽'을 만들었다. 우리는 쓰레기 줍는 일을 했고, 학교와 동네 빵집에서 캔 음료 판매를 중단하라고 시위를 벌이기도 했다(당시에는 캔을 가져오면 보증금을 돌려주는 제도가 없었다). 물론 당시 여덟 살이었던 내가 '우리의 공식'이나 'X'에 대해 알고 있었던 것은 아니다. 그럼에도 나와 친구들은 더 나은 세상을 만들기 위해 무엇을 할 수 있을지를 본능적으로 알고 있었던 듯하다. 아직 신문을 읽지도, 뉴스를 보지도 않던 때라서 그랬을까? 주변에서 '세상은 원래 그런 것'이며, '어쩔 수 없는 일'이라는 말을 아직 듣지 않았기 때문일까? 어쨌거나, 그때 우리는 그런 말들에 휘둘리지 않았을 것이다.

우리가 꿈꾸는 것이 정말로 실현될 수 있으리라고 믿지 않아서 놓쳐 버리는 기회들이 얼마나 많을까? 우리가 원하는 미래를 감히 상상조차 해 보지 않는 바람에 얼마나 많은 가능성들을 흘려보내고 있을까?

하시브와 함께 살게 되었을 때, 새로운 보금자리에 적응하는 데 있어서 우리가 일방적으로 하시브를 도운 것은 아니었다. 우리도 아프가니스탄에서 돌아온 지 몇 달 안 된 시점이었기에, 독일이 아직 편안하게 느껴지지 않았다. 그리하여 세 사람이 서로를 도우며 함부르크에 적응해 나갔다. 우리가 씩씩하게 자신감을 보이는 날도 있었고, 하시브가 우리에게 용기를 주는 날도 있었다.

영국이 브렉시트를 결정하고, 트럼프가 대통령에 당선되고, 극우정당 AfD가 연방의회에 입성한 어느 오후, 하시브는 내게 미래에 대해 너무 걱정하지 말고, 일단 기다려 보는 게 어떻겠느냐고 말했다. 10년, 20년이 지나면 저절로 해결될 거라고 말이다. "그러면 우린 이곳 독일에서 평범하게 살 수 있을 거예요."

처음에는 그 말이 별로 와 닿지 않았지만, 생각하면 할수록 마음에 들었다. 하시브의 말은 그냥 손 놓고 기다리자는 의미가 아니었다. 그저 '시간은 우리 편이니 인내심을 가져요!', '다른 사람들은 그 문제를 이해하는데 시간이 좀더 걸릴 뿐이에요'하는 의미였다. 기다린다는 것은 아무것도 하지 않는다는 말이 아니다. 오히려, 시간은 우리 편이니, 계속해서 우리가 할 수 있는 일을 한다는 뜻이다. 시간은 우리 편이라는 믿음이 있어야, 비로소 무언가를 계속 해 나갈 힘을 낼 수 있다.

기다린다는 것은 인내심을 갖는다는 의미다. 몇 달, 몇 년, 때로 수십 년이 지났는데도 문제가 완전히 해결되지 않았다고 해서 포기하지 않는다는 의미다. 사회적 진보를 위한 투쟁은 어떤 목표로 가기 위한 길일 뿐 아니라, 그것 자체가 목표이기도 하다는 걸 받아들인다는 의미다. 사회적 진보를 위한 투쟁 자체가 목표일 수 있는 까닭은, 우리가 아무리 더 나은 세상을 희망한다 하더라도, 완벽하게 결함 없는 세상은 결코 도래하지 않을 것이기 때문이다.

기다린다는 것은 작은 발걸음들을 축하한다는 의미다. 모든 게 다 좋아진 것은 아니지만, 심호흡을 하며 우리의 노력에 의미가 있음을 상기시키기 위해서다. 작은 성공들은, 잠시 동안이라도, 이전에는 상상조차 할 수 없었던 것을 드러내고, 도달할 수 없다고 느꼈던 것을 손에 잡히게 만들고, 유토피아를 현실로 만든다.

기다린다는 것은 한 번 실패했다고 해서 포기하지 않고, 실패도 과정이라고 여기며, 우리의 모든 행동이 성공으로 이어지지 않는다고 분개하는 대신 '열 번 실패하고, 한 번 성공하는 것만으로도 좋은 일'이라고 스스로를 격려한다는 의미다.

기다린다는 것은 성장과 발전을 지켜보는 것이며, 때로는 시간이 걸린다는 것을 아는 것이다. 사라지고 지나가는 것들 역시 헛된 것은 아니다. 우리 사회의 집단적 기억 속에, 그리고 개개인의 기억 속에 남아 있기 때문이다. 누군가 세상을 떠난다고 해서 그 삶이 헛된 것은 아니듯, 사회운동이 중단된다고 해서 그 자체가 헛된 일인 것은 아니다. 우리가 잠시 포기하고 중단한 계획들조차도, 시간이 지나면 다시 계속될 수 있다. 사회적 변화의 경로란 매우 복잡하다는 걸 간과해서는 안 된다.

기다린다는 것은 때로 휴식을 취하는 것, 한동안 아무 말 하지 않고, 침묵하고, 경청하는 것이다. 그러고 나면 현 상황을 명확히 볼 수 있다. 이미 이루어진 것은 무엇인지, 앞으로 나아가려면 어떻게 해야 하는지를 말이다.

우리는 혼자가 아니다

세상이 너무 정신없이 돌아가는 것을 보며 마음이 번잡해질 때면, 나는 텃밭으로 나간다. 텃밭에는 잡초 제거, 가지치기, 열매 수확, 짚으로 밭 덮어주기 등 늘 할 일이 있는데, 그

중 무슨 일을 하건 간에 곧장 성과가 눈에 들어온다. 그리고 매번 나는 전에는 보지 못했던 것을 발견하곤 한다.

한번은 3일 내내 밭만 갈아엎었는데, 그 와중에 수백 마리의 지렁이들을 보았다. 지렁이가 토양을 비옥하게 만드는 데 큰 도움이 된다는 글을 읽은 적이 있어서, 나는 갈퀴로 흙을 긁으면서 지렁이가 다치지 않게 하려고 애를 썼고, 지렁이를 발견하면 하나하나 손으로 집어 이미 일이 끝난 다른 흙더미로 옮겨 주었다. 이런 식으로 나는 수백 마리의 지렁이들을 옮겨 주었는데, 그 와중에 눈에 띄는 점을 하나 알게 되었다. 가까운 거리에 있는 지렁이들 중 늘 몸집이 약간 큰 것들도 있고, 작은 것들도 있다는 점이었다. 그러자 갑자기 불안한 생각이 들었다. 혹시 지렁이도 가족을 이루어 사는 걸까? 내가 수백 마리의 지렁이 가족들을 갈라놓은 것은 아닐까?

나는 관련 정보를 찾아봐야겠다고 생각했고, 저녁에 웹 검색을 시작했다. 하지만 뚜렷한 답은 찾을 수 없었다. 지렁이들이 한곳에서 대량으로 발견되는 경우가 종종 있는 것은 사실이지만, 이들이 가족을 이루고 사는 것인지 아닌지는 연구자들도 알지 못했다. 확실한 것은 지렁이들이 알을 낳고 그 알에서 저절로 지렁이들이 깨어난다는 것뿐이다. 결국 나는 의문을 풀지 못했고, 대신 지렁이들에 대한 다른 정보들만 잔

뜩 발견했다.

지렁이들은 냄새를 맡거나 보거나 듣지 못한다. 그럼에도 밤이면 지표면으로 나와 어둠 속에서 짝짓기 상대를 찾는다. 독일에만 40종 넘는 지렁이가 서식한다. 세계에서 가장 큰 지렁이는 호주에 사는데, 길이가 최대 1미터에 이른다. 이 지렁이가 땅 속을 기어 다닐 때는 그냥 귀로 들을 수 있을 정도로 큰 소리가 난다.

지렁이가 독일어로 'Regenwurm'(Regen은 비, Wurm은 벌레를 의미한다-옮긴이)인 것은 녀석들이 비 올 때마다 지표면으로 나오기 때문은 아니다. 비가 내릴 때 지렁이가 지표면으로 나오는 까닭은 빗방울이 땅에 부딪힐 때 나는 소리를 자신의 천적인 두더지가 땅을 파는 소리로 착각하기 때문이라고 한다. 지렁이가 'Regenwurm'인 까닭은 'rege', 즉 아주 '활동적이기' 때문이다. 지렁이는 끊임없이 움직인다. 우리가 흔히 볼 수 있는 지렁이 한 마리가 최대 10톤의 흙을 몸속으로 통과시켜 소중한 부엽토 형성을 돕는다. 지렁이가 변화시킨 토양에는 미생물이 풍부해서 질병과 해충으로부터 식물을 보호하기 때문에 살충제와 제초제를 사용하지 않아도 된다.

그러므로 지렁이 없이는 건강한 토양도 없고, 건강한 토양 없이는 건강한 식물도 없으며, 건강한 식물 없이는 과일도,

채소도, 샐러드도, 허브도 없다. 이런 사실을 알게 된 다음 날 아침, 나는 지렁이들이 밤새도록 채소가 잘 자랄 수 있도록 돕고 있다는 생각에 벅찬 마음으로 눈을 떴다. 지렁이들은 심지어 내가 채소를 심기 훨씬 전부터 그 일을 해 왔다.

지렁이 한 마리가 우리의 생명을 구했다고는 말할 수 없을 것이다. 하지만 모든 지렁이가 갑자기 파업을 한다면 무슨 일이 일어날지 상상해 보면, 우리가 지렁이에게 얼마나 큰 도움을 받고 있는지를 깨닫게 되고, 지렁이가 얼마나 큰 힘을 갖고 있는지를 깨닫게 된다. 우리도 마찬가지다. 세상을 구하는 일을 혼자서는 할 수 없지만, 모두가 함께 할 수는 있으며, 우리는 오랫동안 그렇게 해 왔다.

나는 지난 몇 년간 세상을 더 나은 곳으로 만들기 위해 애쓰는 수많은 사람들을 만났다.

한 여성은 1년에도 여러 번 델리로 날아간다. 망명 신청을 했는데 거부당한 젊은이들이 그곳 독일 대사관에서 취업 비자를 받을 수 있도록 돕기 위해서다.

한 남성은 수십 년 전부터 직접 새집을 만들어 친구들과 지인들에게 선물하고 있다. 그들의 정원에 새들이 다시금 둥지를 틀도록 말이다.

초등학생인 두 소녀는 쓰레기 수거에 동참해 달라고 지역

사회에 촉구하고 있다.

또 다른 세 소녀는 자신들의 마을에 놀이터를 마련하기 위해 서명을 받고 있다.

한 남성은 13헥타르의 땅을 사들여 수십 명의 자원봉사자들과 함께 녹색 공간으로 탈바꿈시키고 있다.

한 부부는 캠핑카를 '배리어 프리$^{barrier\ free}$'로 개조하고 있다. 그들의 딸을 위한 일일 뿐 아니라, 이런 캠핑카 없이는 장애 자녀를 데리고 휴가를 떠날 수 없는 다른 가족들을 위한 일이다.

한 오스트리아인은 직장을 그만두고 수천 건의 망명 절차를 분석하고 있다. 이의 제기를 할 수 있는 시스템상의 오류가 있는지 찾아내기 위해서다.

한 청소년은 홍수 피해자들을 돕기 위한 긴급 구호대를 조직했다.

한 연극배우는 인권에 대한 관심을 촉구하기 위해 팔을 걷어붙이고 나섰으며, 공격과 살해 위협에도 불구하고 자신이 믿는 바를 밀고 나가고 있다.

자기 자신도 난민이었던 한 청년은 이제 새롭게 독일에 들어온 사람들에게 심리상담을 해주고 있다.

한 여성은 2주에 한 번 정도 수십 명을 자신의 집에 초대해

'이야기의 밤'이라는 모임을 갖는다. 참석한 누구나 돌아가며 자신의 이야기를 허심탄회하게 털어놓을 수 있다.

처음으로 오롯이 아들과 시간을 보내기 위해 1년간 무급 휴가를 얻은 한 아버지는 다른 이유가 있다고 둘러대기보다 솔직하게 자신이 일을 쉬는 이유를 이야기한다.

이런 사례는 얼마든지 계속될 수 있다. 이미 많은 사람들이 건설적인 방식으로 더불어 살아가는 삶을 만들어 가고 있다. 주변에 떠벌리지 않고, 그저 묵묵히 실천하고 있기에 드러나지 않을 따름이다.

대부분의 독일인들은 난민들이 장기적인 관점에서 볼 때 문화적으로나 경제적으로나 사회를 풍요롭게 하리라고 생각한다. 80퍼센트 이상의 국민은 기후 보호를 위해 당장 행동해야 한다고 생각한다. 60퍼센트 이상의 국민은 사회 정의가 중요하다고 생각한다. 정치적 결정이나 선거 결과가 늘 이를 드러내는 것은 아니지만, 대부분의 독일인들은 더 공정하고, 지속 가능하며, 개방된 미래를 꿈꾼다.

우리는 어떻게 해야 이런 미래에 도달할 수 있을까? 정치학자 에리카 체노웨스 Erica Chenoweth는 이 질문과 관련된 연구를 했다. 그의 연구는 비폭력 저항과 비폭력 저항의 성공 조건에 초점이 맞춰져 있다. 체노웨스는 1900년부터 2019년까지 627개 혁명 운동을 연구했는데, 그 결과 비폭력 혁명이 폭력 혁명보다 두 배 더 성공적이라는 결과가 나왔다. 하지만 정말 결정적인 수치는 다른 것이다. 시위를 하는 인구가 전체의 3.5퍼센트에 이르면 성공할 가능성이 매우 높다는 것이다. 인구의 3.5퍼센트는 여전히 많은 수다. 가령 독일에서는 거의 300만 명에 육박하는 수다. 그럼에도 100퍼센트도 아니고, 50퍼센트도 아니다. 사회적 진보를 이루기 위해 한 나라의 모든 국민을 설득해야 하는 것이 아니다. 극히 일부만 설득하면 된다. 이것은 정말 희망적인 일이다.

우리가 영향력을 행사할 수 있는 기회는 무궁무진하다. 시위를 할 수도 있고, 투표를 할 수도 있고, 청원서에 서명할 수도 있다. 지역 선거구 의원들과 접촉하여 중요한 문제와 가능한 해결책에 대해 논의할 수도 있다. 교사라면 학생들이 비판적이고 건설적인 토론을 할 수 있게 훈련시킬 수 있다. 부모라면 어려운 상황에서 X를 찾을 수 있도록 자녀들에게 모범을 보일 수 있다. 동호회에 소속되어 있다면 서로 건설적으로 대하는 연습을 할 수 있다. 우리의 이야기, 대화, 말, 생각, 행동, 목소리, 의사 결정, 직업적 일 등 모든 영역에서 자신의 삶뿐 아니라 다른 사람들의 삶도 개선할 수 있다.

우리 삶에서 부정적 요소가 차지하는 공간을 줄일수록, 우리는 세상을 우리가 실제로 변화시킬 수 있는 곳으로 만들 수 있다. 이 길에서 내디디는 어떤 발걸음도 작지 않다. 중요한 것은 나아가는 방향이다. 단 한 번의 대화만으로도 결코 꿈꾸지 못했던 발전을 이끌어낼 수 있다. 더 이상 우리의 말에 힘이 없다고 믿지 말자. 그 안에 담긴 힘을 발견하자.

"나는 내가 만난 모든 것의 일부다I am a part of all that I have met"라는 문장을 좋아한다.(테니슨의 시 〈율리시즈〉의 시구다-옮긴이) 그렇다. 나는 내가 만난 모든 것의 일부이며, 모든 만남이 우리의 삶에 흔적을 남긴다고 굳게 믿는다. 우리가 만나는 모든 사람은 우리 역사의 일부가 된다. 어떤 사람은 오랜 세월에 걸쳐 관계를 맺으며 우리 삶에 중대한 역할을 하기도 하고, 어떤 사람은 그냥 가볍게 잠시 동안 스쳐가기도 한다. 때로는 어떤 사람이 우리 삶에 커다란 영향을 끼쳤다는 걸 수십 년이 지난 뒤에야 깨닫기도 한다.

우리는 '당신'과 '내'가 아니다. 우리는 '우리'다. 오래전부터 그래 왔다. 우리는 오래전부터 미래를 바꿀 수 있는 힘을 가지고 있었고, 가지고 있다. 다만 그것을 아직 보지 못할 뿐이고, 느끼지 못할 뿐이다. 하지만 미래는 이미 우리를 향해 환하게 다가오고 있다.

어떤 미래에 살고 싶은지 묻는다면

"'어떤 미래에 살고 싶은가?' 나는 우리가 이 질문을 던지고, 구체적인 그림을 그려야 한다고 믿습니다." 나는 어느 가을날 연단에 서서 이렇게 말했다. 당시 우리는 한 시간 동안 망명 정책, 인권, 그리고 난민들의 독일 정착 문제에 대해 이야기했다. 동료 연사들은 무엇보다 문제에 초점을 맞추었고, 나는 무엇이 도움이 될 수 있을지에 대한 논의로 초점을 돌리려고 했지만 그다지 큰 성과를 거두지 못하고 있었다. 그리하여 나는 어느 순간 '우리에게는 미래에 대한 상이 필요하다'는 화두를 던졌다. 그러자 진행자가 그 제안을 받아들여 다른 참여자들에게 물었다. 미제레오르^{Misereor}(독일 가톨릭 교회의 국제개발 및 구호단체-옮긴이)에서 일하는 한 여성은 코로나 팬데믹 초기에 우리 사회가 어떻게 하면 더 나아질 수 있는지에 대해 계속해서 대화를 나누었는데, 굉장히 긍정적인 시간이었던 것으로 기억한다고 말했다. 하지만 개선된 사회가 정확히 어떤 모습이었으면 하는지는 구체적으로 말하지 못했다. 지역의 난민 지원 단체를 대표하는 한 남성 역시 위기가 기회가 될 수도 있을 거라고 말했지만, 역시나 구체적인 그림을 그려 보이지는 못했다. 두 사람 모두 수십 년간 더 나은 미래를 위해 노력해 왔음에도, 더 나은 미래가 어떤 모습일지는 이야기하지 못한 것이다.

그 두 사람만이 아니다. 우리 대부분은 자신이 원하는 미래를 상상하기 어려워한다. 사회학자 하랄트 벨처$^{\text{Harald Welzer}}$는 "우리는 꿈꾸는 법을 잊어버렸다"고 말한다. 우리는 무언가에 찬성하기보다 무언가에 반대하는 데 익숙해져 있다. 기후 변화에 반대하고, 전쟁에 반대하고, 인종차별과 성차별에 반대하고, 원자력에 반대하고, 혐오에 반대한다. 특정 사안을 단호히 거부하고 항의하는 것은 중요하다. 하지만 그것이 더 나은 세상을 꿈꾸게 하지는 않는다.

끊임없이 반대하는 것으로만 그치면 어떻게 될까. 우리가 전쟁을 원하지 않는다는 것에 대해서만 이야기할 때, 우리는 여전히 전쟁에 대해서만 이야기하게 된다. 사람들의 머릿속에 평화로운 공존, 화해의 과정, 안전과 자유에 대한 이미지를 만드는 대신, 전쟁에 대한 이미지만 각인시키게 되는 것이다. 폭력과 억압을 극복하고자 하면서도, 도리어 폭력과 억압의 이미지를 강화하게 된다. 이러한 이야기 구조 속에서 우리는 전쟁이나 폭력을 경험한 사람들을 우리처럼 안전한 삶을 누릴 자격이 있는 사람으로 보는 대신, 소위 희생자로만 보는 경향이 있다.

물론 무언가에 반대하는 것도 중요하다. 하지만 무언가에 찬성하고 그것을 위해 싸우는 것도 중요하다. 우리 스스로 변화 가능성을 믿지 않는다면, 어떤 모습으로 변화할 수 있을지 그리지 못한다면, 어떻게 책임 있는 사람들에게 변화를 요구할 수 있겠는가. 미래를 향해 나아가고자 한다면, 미래에 대한 비전이 필요하다.

미래는 다르게 말하고, 다르게 생각하고, 다르게 듣는 것에서부터 시작된다. 무력감을 떨쳐 버리고, 생각을 해방시키는 것에서부터 시작된다. 변화된 미래는 혼자 싸우기를 멈추고 서로 연대할 때 우리가 얼마나 강해질 수 있는지를 느끼는 것에서부터 시작된다. 서로를 돕고, 서로를 믿을 때, 그 무엇도 우리를 멈출 수 없을 것이다.

꿈꾸는 법을 어떻게 배울 수 있을까? 원하는 미래를 어떻게 찾을 수 있을까? 미래를 상상해 보아야 한다. 영화의 한 장면처럼 그려 보아야 한다. 하시브가 수년 전에 그렇게 했던 것처럼 말이다. 꿈꾸는 미래를 다른 사람들과 공유하고, 열정적으로 토론하면서 공감대를 형성하다 보면, 어느 순간 첫 발을 내디딜 수 있다. 그러다 보면, 어느 미래에 아침마다 일어나 즐겁고 행복한 마음으로 뉴스를 소비할 날이 오게 될 것이다. 그렇게 되기를 간절히 바란다.

이 세상에서 일어난 모든
위대한 일은
가장 먼저는 누군가의
상상 속에서 일어났다.

_ 아스트리드 린드그렌

에필로그

두려움이 우리를 용기 있게 만든다

나는 네 남매 중 막내다. 어머니가 나를 임신했을 때, 언니는 열 살, 큰오빠는 여덟 살, 작은오빠는 여섯 살이었다. 그 무렵 오빠들은 툭하면 다투었다고 한다. 하지만 때로는 언니에게 맞서기 위해 둘이 힘을 합치기도 했다. 그러다가 아기가 새로 태어나 가족의 일원이 될 거라는 소식을 들었을 때, 언니와 오빠들은 새로 태어나는 동생이 각자 자기 성별이었으면 좋겠다고 기대했다. 언니는 무조건 여동생을 원했다. 그래야 성별 균형이 맞는다는 것이었다. 오빠들은 남동생을 원했다. 그러면 자신들이 다수가 되어 누나를 이길 수 있을 거라고 생각했다.

얼마 뒤, 곧 태어날 동생이 여자아이일 거라는 소식을 들은 오빠는 깜짝 놀라며 의자에서 떨어졌다고 한다. 엄마가 이제 '산적 여동생'이 생기는 거라면서 굉장히 실망스러워하는 오빠를 겨우 진정시켰다는 이야기가 전설처럼 전해진다. 당시 영화관에서는 아스트리드 린드그렌Astrid Lindgren의 《산적의 딸 로냐Ronja Räubertochter》를 영화로 만든 작품을 상영했는데, 오빠들은 이 영화에 대단히 열광했다고 한다. 심지어 몇몇 장면에서 야생 드루이드가 나오는 것이 무서워 의자 밑에 숨었던 작은오빠도 이 영화를 좋아했다.

그래서 나는 바르바라 파울리네 로냐라는 이름으로 세례를 받았다. 로냐라는 이름만 쓰지 못한 것은 로냐라는 이름의 성인이 없어서, 당시 바이에른의 가톨릭 교구에서 로냐라는 이름을 허용하지 않았기 때문이었다. 그래서 나는 어린 시절 '바르바라'라는 이름으로 불렸다. 현재 나를 그렇게 부르는 사람은 나의 대부모와 아버지의 친한 친구 하나밖에 없다. 아버지의 친구는 자신의 여동생 이름도 바르바라인데, 시칠리아 출신이라서인지 'r' 발음을 아주 편안하고 자연스럽게 굴린다. 그래서 그가 내 이름을 부를 때마다 나는 이탈리아에 사는 기분이 든다.

그러는 동안, 나는 그 이름을 좋아하게 되었다. 하지만 어릴 적에는 싫어했다. 무엇보다 'Barbara'라는 이름을 제대로 쓸 수 없었기 때문이다. 알파벳을 익힌 다음에도 이상하게 'BAR' 배열이 머릿속에 잘 입력되지 않았다. 그래서 나는 이름을 적을 때마다 정확히 쓰지 못하고 철자를 다르게 배열시켰다. 무척 애를 쓰는데도 그 모양인지라 낙담하기 일쑤였다. 그런 까닭에 유치원에서 그림 그리기나 만들기를 한 뒤 이름을 적을 때면 늘 '바르바라' 대신 '로냐'라고 쓰곤 했다. 물론 그러다 보니 내 이름이 무엇인지 헷갈리는 상황이 연출되기도 했다.

나는 학교에 들어가면서부터 공책 표지에 직접 이름을 적겠다고 고집을 부렸고, 그때부터 내 공식적인 이름은 로냐가 되었다. 나는 그 이름을 좋아했다. 특이하고 새로운 이름으로 생각되었기 때문이다. 그 이름을 쓰면서 '로냐'라는 사람, 즉 내가 누구인지를 발견해 나갈 수 있겠다는 느낌도 들었다. 나는 내게 이름을 준 '산적의 딸 로냐'를 모범으로 삼았다. 그래서 생일 때도 '산적의 딸 파티'를 열었다. 초대받은 모든 아이들은 더럽고 낡은 옷을 입고 와야 했다. 우리는 엄청 짭짭거리며 음식을 먹었고, 큰 소리로 트림을 했으며, 테이블에 올라가 춤을 추었다. 매년 날씨가 따뜻해지면, 나는 언덕을 뛰어 내려가며 '봄의 함성'을 질렀다. 로냐라면 그렇게 해야 한다고 굳게 믿었기 때문이다. 지금도 나는 화가 나면, 로냐의 아버지 마티스가 그랬던 것처럼, 계란 몇 개를 손에 들고 벽에 냅다 던지는 장면을 그려본다.

내게는 《산적의 딸 로냐》의 초반부 한 장면이 가장 인상 깊게 남아 있다. 그 장면에서 로냐는 처음으로 혼자 산적의 성 주변을 탐험하러 나간다. 로냐가 출발하기 직전, 로냐의 아버지 마티스는 숲에 가면 무엇을 조심해야 하는지를 하나하나 일러준다. 길을 잃을지도 모르니 조심해야 하고, 강에 빠지지 않게 조심해야 하고, 야생 드루이드나 회색 난쟁이에게 공격당하지 않도록 조심해야 한다. 이야기를 해주면서 마티스는 굉장히 흥분하지만, 로냐는 침착하기만 하다. 로냐는 매번 전혀 동요하지 않고, 각각의 위험에 어떻게 대처해야 하는지를 묻는다. 마침내 아버지는 로냐에게 최악의 상황을 경고한다.

"지옥의 낭떠러지로 굴러 떨어지지 않게 조심하렴." 마티스가 말했다.

지옥의 낭떠러지란 마티스 요새가 둘로 갈라져서 생긴 틈새를 말하는 것이었다.

"지옥의 낭떠러지로 굴러 떨어지면 어떻게 하죠?" 로냐가 물었다.

"굴러 떨어지면 끝장이야. 손쓸 수가 없어." 마티스는 그렇게 말하며, 세상의 모든 불행으로 가슴이 미어지는 듯 고통스럽게 울부짖었다.

"에고, 알았어요. 지옥의 낭떠러지로는 떨어지지 않을게요. 조심할 게 더 있어요?"

로냐는 마티스가 신음을 그칠 때까지 기다렸다가 말했다.

"그래, 또 있지. 하지만 그것들은 너 스스로 조금씩 알게 될 거야. 이제 가거라!"

로냐는 길을 나섰다.

로냐는 내게 이름을 주었을 뿐 아니라 삶의 본보기까지 되어 주었다. '로냐는 그렇게 많은 위험이 도사리고 있는데도 숲으로 가네. 게다가 아주 즐겁게 말이야!' 위험을 알지 못한 채 숲으로 가는 것도 용감한 일인데, 어떤 위험이 기다리고 있는지 알면서도, 구체적으로 얼마나 치명적인 위험이 도사리고 있는지 알면서도 숲으로 들어간다는 것은 정말 놀라운 일이었다.

나는 수줍음이 많은 아이였다. 그래서 사람들을 처음 만나면 먼저 말을 걸지 않는 편이었다. 유치원이나 학교에서 행사 때 찍은 사진을 보면, 나는 아주 심각한 표정으로 심술궂

게 카메라를 응시하고 있다. 마치 사진 찍는 사람이 철천지원수라도 되는 것처럼 말이다. 하지만 새로운 것을 발견하고 탐험하는 데는 거리낌이 없었다. 나무에 올라가고, 창문을 넘어가고, 쓰레기 컨테이너 속에 들어갔다. 친구들과 함께 숲에서 동굴을 만들고, 오래된 벙커를 탐험했다. 호기심에는 대가가 따랐다. 열 살도 되기 전에 팔이 부러지거나 다리가 부러졌고, 머리가 찢어져 몇 바늘 꿰매야 했다. 하지만 그런 모든 일들이 모험을 좋아하는 나를 말리지는 못했다. 나는 모험에 대해 상상하기를 좋아했다. 친구들이 우리 집 정원에서 텐트를 치고 캠핑을 할 때면, 나는 집에 절대 들어가지 말고 정원에 있는 것들만 먹자고 했다. 사과, 데이지, 그리고 모닥불에 데운 쐐기풀 차 같은 것들이었다. '그래야 진짜 모험'이라는 게 나의 주장이었지만, 유감스럽게도 다른 친구들에게는 전혀 먹혀들지 않았다.

거의 20년이 흐른 뒤, 나는 카불로 갔다. 그러자 많은 사람들이 갑자기 나를 보고 용감하다고 했다. 아직 어려 보이는데 혼자서 언어도 통하지 않는 나라에 가다니, 게다가 전쟁 중인 나라에 가다니, 더구나 여자가!

사실 나는 카불로 가는 것이 그리 용감한 일이라고 생각하지 않았다. 당시 그곳으로 가면서 별로 두렵지 않았는데, 나로서는 두려움이 느껴지지 않는 일을 하는 걸 용기 있는 행동으로 여길 수는 없었다. 개를 엄청 무서워하는 사람이 '개를 쓰다듬는 것'은 용기 있는 행동이다. 하지만 개를 전혀 무서워하지 않는 사람이 똑같은 행동을 하게 되면 그냥 개를 쓰다듬는 것일 뿐이다. 내게는 카불로 가는 일이 바로 그런 것이었다.

내 생각에 용기는 우리가 가지고 있거나 가지고 있는 않은 성격적 특성이 아니다. 용기는 근육과 같은 것이다. 우리가 열심히 훈련하면 커지고, 관리를 소홀히 하면 위축된다.

내가 카불로 간 것은 작지만 수많은 용기 있는 결정들의 결과였다. 여러 결정들을 할 때, 나는 선택지 앞에서 늘 더 용감한 쪽을 선택했다. 우선, 오랫동안 사귀어온 사람과 헤어진 뒤, 다시 새롭게 시작하기 위해 뮌헨에서 함부르크로 옮겨갔다. 함부르크에서는 만약 입사에 실패했더라면 굉장한 타격을 받았을 일자리에 지원했다. 입사한 뒤, 편집회의에서는 비록 지지해 줄 사람이 없다 해도 내 의견을 개진했다. 그러다가 마침내 독립하여 내 일을 해 보기로 결심했다.

카불로 간 것은 첫걸음이 아니라, 이렇게 많은 걸음들 가운데 마지막 걸음이었다. 그래서인지, 나는 그 걸음이 이전의 모든 걸음들보다 더 용기 있는 일이라고 느끼지 않았다.

내 주관적 시각으로는, 카불로 간 것보다 더 용기를 내야 했던 순간들이 많았다. 숙취에 시달리던 어느 날 술을 끊기로 결심한 일, 고소공포증이 있음에도 10미터 높이 다이빙 보드에서 뛰어내렸던 일, 5년 동안이나 만나지 못한 할머니의 임종에 함께하기로 한 일, 16세 소년의 위탁 보호자가 되기로 결심한 일, 몇 년이나 만나면서도 결혼은 절대 안 된다고 하던 내가 마침내 그에게 청혼한 일, 부부 싸움을 줄이고 혹여 하더라도 건설적으로 싸우고 싶어서 부부 상담을 받기로 한 일, 정글의 오두막에서 손바닥만 한 거미를 문 밖으로 옮긴 일 등 숱한 순간들이 있었다.

그 모든 순간들 중 생명을 위협받는 상황에 처한 경우는 없었다. 다만 매 경우 이런 상황을 극복하기 위해 내 취약함을 무릅쓰는 용기를 내어야 했다. 술을 끊은 이유는, 취한 상태로는 내가 원하는 것을 결코 찾을 수 없음을 인정하고 용기를 내었기 때문이다. 10미터 높이의 다이빙 보드에서 뛰어내린 이유는, 당시 10대였던 조카들과 사촌들에게 나의 두려움에 대해 이야기한 상태였고, 그들 모두가 수영장 가장자리에서 나를 응원하고 있었기 때문이다. 할머니를 너무 오랜만에 만나는 두려움을 무릅쓰고 할머니의 마지막 자리에 함께하기로 용기를 내었으며, 남편의 반응이 예상되지 않는데도 용기를 내어 청혼을 했다. 그리고 가족을 이룰 계획도, 준비도 되어있지 않았음에도 용기를 내어 16세 소년의 위탁모가 될 수 있었다. 제3자에게 개인적인 이야기를 하는 것이 꺼려졌지만, 용기를 내어 부부 상담을 받았다. 거미에게 물릴까 봐 겁이 났지만, 녀석을 오두막 밖으로 내보내야 근본적으로 안전해질 것 같다는 생각에 용기를 내어 거미를 들어 올려 문 밖으로 옮겼다.

두려움이 없다면, 취약하지 않다면, 우리는 용기를 낼 수 없을 것이다. 두려움은 우리가 용기를 내는 데 도움을 준다. 두려움은 내게 말한다. '넌 이 길로 갈 수도 있어. 이 길로 가면 마음 푹 놓아도 돼.' '저 길은 흥미로워 보이지만 거기로 가면 실패할 수도 있어, 네 모든 것을 잃게 될 수도 있어.' 선택지 앞에서, 나는 가능하면 두 번째 길을 가고자 했고, 앞으로도 그럴 것이다. 그 길은 나로 하여금 계속해서 극복해야 할 감정에 직면하게 만든다. 하지만 그 길에서 나는 결국 놀라운 기적과 성장을 경험하게 된다.

이 여정은 산적의 딸 로냐로 시작되었다. 로냐의 이야기는 내가 어떤 사람이 되어야 할지, 인생에서 어떤 목표를 세워야 할지에 영향을 미쳤고, 내가 나를 바라보는 시각을 바꾸어 놓았다. 로냐의 성격과 삶의 지혜는 30년이 지나면서 다른 이야기들과 합쳐지고, 내 삶의 경험들에 녹아들었다. 로냐의 이야기는 여전히 내 결정에, 내가 어떤 사람으로 살아가야 할지에 영향을 미친다. 이것이 '이야기의 힘'이다. 이야기는 우리가 무엇을 믿을지, 우리가 누구로 살아갈 것인지를 결정한다. 우리의 정체성을 결정한다.

감사의 말

이 책은 내가 이 책을 써야겠다고 생각하기 훨씬 전부터 시작되었다. 절망의 순간들, 슬픔과 무력감으로 가득했던 순간들, 다시 용기를 낼 수 있었던 순간들에 시작되었다. 그 모든 순간들을 함께해 준 이들에게 감사를 전한다. 가족들, 친구들, 낯선 사람들, 내게 마음을 열어 준 모든 이들에게 감사를 전한다. 나와 함께 웃고, 춤추고, 분노하고, 용감한 계획을 세우고, 불면의 밤을 보내고, 모닥불 앞에서 논쟁하고, 산을 올라가고, 노래를 부르고, 때로는 그냥 아무 말 없이 함께해 준 모든 이들에게 감사를 전한다. 내가 이 길을 가도록 격려해 주고, 나와 함께 때로는 1미터를, 때로는 1000킬로미터를 걸어 준 모든 이들에게 감사를 전한다. 그들의 사랑이 없었다면, 이 책은 탄생하지 못했을 것이다. 우리의 세상이 더 정의로워질 수 있다는 한결같은 믿음을 가진 모든 이들에게 감사를 전한다.

 이 책을 마무리하던 때는 내 삶에서 무척이나 어두운 시기였다. 아프가니스탄 정부가 무너지고 탈레반이 정권을 잡으면서, 친구들 수십 명이 하룻밤 사이에 목숨을 잃었다. 우리는 이들 중 최소한 몇 명이라도 탈출시키려고 백방으로 알아봤지만, 오랫동안 길을 찾지 못한 채 무력감에 빠져 있었다. 낮에는 카불로부터 도움을 구하는 절박한 전화를 받은 뒤 독일 관공서로 달려가 냉랭한 답변을 듣기를 반복했고, 밤에는 원고를 쓰고 다듬었다. 가족의 전폭적인 지지가 없었다면, 이 시간을 견뎌내지 못했을 것이다. 내 이야기를 들어주고, 나를 안아주고, 함께 울어주고, 함께 바닷가를 거닐어 주어서 감사하다. 농담으로 날 웃겨 주고, 주의를 다른 데로 돌리게 해 주고, 차를 가져다주고, 식사를 준비해 주고, 눈물을 닦아 주고, 음악을 틀어 주고, 밤에는 일찍 자라고 걱정해 주어서 감사하다. 처음부터 이 책의 의미를 믿어 주어서 감사하다.

 세상이 그 어느 때보다 어둡게 보이던 시기에, 나는 세상이 실제로는 우리 생각보다 더 나은 이유에 대해 썼다. 이 모순이 머릿속을 맴돌았지만, 그럼에도 나는 책을 쓰면서 다시 용기를 얻게 되었다. 당신도 이 책을 읽으며 나와 비슷한 경험을 했기를 바란다.

역자후기

당신이 읽는 것이 바로 당신이다

　우리 몸과 관련해 "당신이 먹는 것이 바로 당신이다"라는 말을 한다. 이 말은 우리의 정신에도 적용할 수 있다. 심리학자 조디 잭슨이 말한바 '당신이 읽는 것이 바로 당신'이며, SNS와 유튜브의 시대에 적용한다면 '당신이 보는 것이 당신' 이다.
　부정적인 뉴스가 우리에게 어떤 영향을 미치는지를 모두 십분 체감해 보았을 것이다. 그런 뉴스들로 인해 지금 우리 모두가 '외상 전 스트레스'를 겪고 있다. 보통 어떤 사건을 겪은 후 트라우마가 생기는 것을 '외상 후 스트레스'라고 하는

데, 현대인들은 사건이 일어나기 전에 이미 트라우마를 경험하는 '외상 전 스트레스' 상태에 빠져 있는 것이다. 그러다 보니 많은 사람들이 '최악의 상황을 상정하고 살아가는' 형국에 이르렀고, 리베카 솔닛의 말처럼, 행동하지 않고 절망만 하는 것이 고통당하는 자들과의 커다란 연대 행위인 것처럼 착각하고 있다.

저자는 왜 세상에는 그렇게 부정적인 뉴스들만 넘쳐나는지를 조목조목 지적해 준다. 우선 저자는 뉴스의 가치를 결정하는 뉴스 요소들에 대해 이야기하면서, 왜 뉴스들은 하나같이 소위 사람들을 '낚는' 헤드라인에 집착하는지, 왜 뉴스들은 하나같이 부정적이고 선정적인 내용들로 가득 차 있는지를 짚어 준다. 또한 최근 들어 소위 저널리스트들이 어떤 문제에 대해 서로 다른 관점을 무조건 대립시키려 한다는 점도 지적한다. 전문성에서 너무 수준 차이가 나는데도 터무니없는 주장을 전문가의 논리적인 주장과 동일한 가치가 있는 것처럼 인용한다. 이렇게 '만들어진' 대립 구도에 익숙해지다 보면, 사람들은 사회에서 일어나는 각각의 문제에 대한 합리적인 결론이나 과학적인 합의가 없다고 믿게 된다.

이와 관련해 저자가 인용한 조너선 포스터의 조언은 새겨둘 만하다. "한 사람은 비 내리는 습한 날이라고 하고, 다른 한 사람은 맑고 건조한 날이라고 할 때, 당신이 해야 할 일은 두 사람의 말을 모두 인용하는 것이 아니라, 창밖을 내다보며 무엇이 진실인지 알아내는 것이다."

저자가 부정적인 뉴스를 전하면 안 된다고 주장하는 것은 아니다. '문제만' 제기하지 말고, 문제에 대한 '해결책'과 '대안'을 제시할 필요가 있다는 것이다. 그리하여 부정적인 상황을 개선하고, 더 나은 미래를 만들기 위한 공론의 장으로서 '건설적인 저널리즘'이 필요하다는 얘기다.

이 책의 저자를 보면서 "건강해지기 위해 행복해지기로 결심했다"는 볼테르의 말이 떠올랐다. 저자는 '행복해지기 위해 문제만 이야기하지 않기로 결심한' 사람이다. 스스로를 위해 건설적인 저널리즘으로 나아가기를 선택한 사람이며, 독자들도 모든 일상에서 그런 태도로 살아가기를 권유한다. 결심한다고 저절로 이루어지는 건 아니겠지만, 노력해 볼 가치는 있지 않을까?

주체적이고 의식 있는 언론 소비자로 거듭날 때, 일상에서 이야기 전달 방식을 바꿀 때, 그리고 이 책이 강조하듯 사회의 변화란 연대의 힘으로 이루어 나가는 것이라는 사실을 깨달을 때, 연대한 개개인의 작은 발걸음들이 모여 큰 힘을 발휘한다는 걸 인식하고 실천할 때, 이 사회에 건전한 저널리즘이 자리 잡게 될 뿐 아니라, 더불어 살아가는 우리의 삶 역시 좀 더 바람직한 모습으로 변화하게 될 것이다.

참고문헌

- Natascha Strobl, Radikalisierter Konservatismus: Eine Analyse. Suhrkamp. 2019.
- Raul Krauthausen und Benjamin Schwarz, Wie kann ich was bewegen? Die Kraft des konstruktiven Aktivismus. Edition Korber. 2021.
- Srđa Popović, Protest! Wie man die Machtigen das Furchten lehrt. Fischer. 2015.
- Kristina Lunz, Die Zukunft der Außenpolitik ist feministisch: Wie globale Krisen gelost werden mussen. Ullstein. 2022.
- Kübra Gümüşay, Sprache und Sein. Hanser Verlag. 2020.

- Aminata Touré, Wir konnen mehr sein: Die Macht der Vielfalt. KiWi. 2021.
- Şeyda Kurt, Radikale Zartlichkeit: Warum Liebe politisch ist. HarperCollins. 2021.
- Nermin Ismail, Hoffnung. Kreymayr & Scheriau. 2021.
- Rebecca Solnit, Whose Story Is This? Old Conflicts, New Chapters. Haymarket Books. 2019.
- Andrew Wear, Solved: How Other Countries Cracked the World's Biggest Problems (and We Can Too). Oneworld Publication. 2020.
- George Monbiot, Out of the Wreckage: A New Politics for an Age of Crisis. Verso. 2018.
- Jenny Odell, How to Do Nothing: Resisting the Attention Economy. Melville House. 2020.
- Rebecca Solnit, Hope in the Dark: Untold Histories, Wild Possibilities. Haymarket Books. 2016.
- Eric Holthaus, The Future Earth: A Radical Vision for What's Possible in the Age of Warming. Harper One. 2020.
- Johann Hari, Lost Connections: Uncovering the Real Causes of Depression–and the Unexpected Solutions. Bloomsbury

Circus. 2018.

- Michelle Gielan, Broadcasting Happiness: The Science of Igniting and Sustaining Positive Change. BenBella Books. 2015.
- Rebecca Solnit, A Paradise Built in Hell: The Extraordinary Communities That Arise in Disaster. Penguin Books. 2010.

우리는 이야기로 이루어져 있다

로냐 폰 부름프자이벨 Ronja von Wurmb-Seibel

저널리스트, 작가, 다큐멘터리 영화 제작자. 〈차이트〉 정치부 편집국에서 근무하다가, 2년간 카불에 거주하며 통신원으로 활동했다. 이곳에서 부정적인 뉴스가 넘쳐나는 환경에서 어떻게 용기를 불어넣는 이야기를 할 수 있을 것인지를 고민하고 배웠으며, 그 경험을 바탕으로 이 책을 집필하여 좋은 반응을 얻었다. 얼마 전 남편과 함께 독일 바이에른 주의 뒨젤바흐에 예술가들을 위한 게스트하우스를 설립해, 창작자들, 때로는 자원봉사자들과 함께 생활하고 있다. 이 책은 폰 부름프자이벨의 두 번째 책으로 베스트셀러가 되었고, 최근 세 번째 책인 《함께》가 출간되었다.

옮긴이 유영미

연세대학교 독문과와 동대학원을 졸업하고 전문번역가로 일하고 있다. 《우리에겐 과학이 필요하다》, 《제정신이라는 착각》, 《부분과 전체》, 《너가 No라고 속삭일 때》, 《헤르만 헤세의 나로 존재하는 법》, 《왜 세계의 절반은 굶주리는가》, 《창조적 사고의 놀라운 역사》, 《카이로스》, 《올림-삶의 아름다운 의미를 찾아서》 등 다양한 분야의 독일어권 책들을 우리 말로 옮겼다.

우리는 이야기로 이루어져 있다

1판 1쇄 인쇄 2025년 07월 31일
1판 1쇄 발행 2025년 08월 22일

지은이 로냐 폰 부름프자이벨
옮긴이 유영미
펴낸이 김미영
본부장 김익겸
제작 올인피앤비
펴낸곳 지베르니
출판등록 2021년 8월 2일
등록번호 제561-2021-000073호
팩스 0508-942-7607
이메일 giverny.1874@gmail.com

ISBN 979-11-987734-4-9 (03300)

- 지베르니는 지베르니 출판그룹의 단행본 브랜드입니다.
- 책값은 뒤표지에 있습니다.
- 이 책 내용의 일부 또는 전부를 재사용하려면 반드시 지베르니 출판그룹의 동의를 얻어야 합니다.
- 잘못 만들어진 책은 구입하신 서점에서 바꿔 드립니다.